"十二五"国家重点图书出版规划项目

社会系列

固原史话

A Brief History of Guyuan

马平恩　主编

社会科学文献出版社
SOCIAL SCIENCES ACADEMIC PRESS (CHINA)

总　序

中国是一个有着悠久文化历史的古老国度，从传说中的三皇五帝到中华人民共和国的建立，生活在这片土地上的人们从来都没有停止过探寻、创造的脚步。长沙马王堆出土的轻若烟雾、薄如蝉翼的素纱衣向世人昭示着古人在丝绸纺织、制作方面所达到的高度；敦煌莫高窟近五百个洞窟中的两千多尊彩塑雕像和大量的彩绘壁画又向世人显示了古人在雕塑和绘画方面所取得的成绩；还有青铜器、唐三彩、园林建筑、宫殿建筑，以及书法、诗歌、茶道、中医等物质与非物质文化遗产，它们无不向世人展示了中华五千年文化的灿烂与辉煌，展示了中国这一古老国度的魅力与绚烂。这是一份宝贵的遗产，值得我们每一位炎黄子孙珍视。

历史不会永远眷顾任何一个民族或一个国家，当世界进入近代之时，曾经一千多年雄踞世界发展高峰的古老中国，从巅峰跌落。1840 年鸦片战争的炮声打破了清帝国"天朝上国"的迷梦,从此中国沦为被列强宰割的羔羊。一个个不平等条约的签订,不仅使中国大量的白银外流,更使中国的领土一步步被列强侵占,国库亏空,民不聊生。东方古国曾经拥有的辉煌,也随着西方列强坚船利炮的轰击而烟消云散,中国一步步堕入了半殖民地的深渊。不甘屈服的中国人民也由此开始了救国救民、富国图强的抗争之路。从洋务运动到维新变法,从太平天国到辛亥革命,从五四运动到中国共产党领导的新民主主义革命,中国人民屡败屡战,终于认识到了"只有社会主义才能救中国,只有社会主义才能发展中国"这一道理。中国共产党领导中国人民推倒三座大山,建立了新中国,从此饱受屈辱与蹂躏的中国人民站起来了。古老的中国焕发出新的生机与活力,摆脱了任人宰割与欺侮的历史,屹立于世界民族之林。每一位中华儿女应当了解中华民族数千年的文明史,也应当牢记鸦片战争以来一百多年民族屈辱的历史。

当我们步入全球化大潮的 21 世纪,信息技术革命迅猛发展,地区之间的交流壁垒被互联网之类的新兴交流工具所打破,世界的多元性展示在世人面前。世界上任何一个区域都不可避免地存在着两种以上文化的交汇与碰撞,但不可否认的是,近些年来,随着市场经济的大潮,西方文化扑面而来,有些人唯西方为时尚,把民族的传统丢在一边。大批年轻人甚至比西方人还热衷于圣诞节、情人节与洋快餐，对我国各民族的重大节日以及中国历史的基本知识却茫然无知，这是中华民族实现复兴大业中的重大忧患。

中国之所以为中国，中华民族之所以历数千年而不分离，根基就在于五千年来一脉相传的中华文明。如果丢弃了千百年来一脉相承的文化，任凭外来文化随意浸染，很难设想13亿中国人到哪里去寻找民族向心力和凝聚力。在推进社会主义现代化、实现民族复兴的伟大事业中，大力弘扬优秀的中华民族文化和民族精神，弘扬中华文化的爱国主义传统和民族自尊意识，在建设中国特色社会主义的进程中，构建具有中国特色的文化价值体系，光大中华民族的优秀传统文化是一件任重而道远的事业。

当前，我国进入了经济体制深刻变革、社会结构深刻变动、利益格局深刻调整、思想观念深刻变化的新的历史时期。面对新的历史任务和来自各方的新挑战，全党和全国人民都需要学习和把握社会主义核心价值体系，进一步形成全社会共同的理想信念和道德规范，打牢全党全国各族人民团结奋斗的思想道德基础，形成全民族奋发向上的精神力量，这是我们建设社会主义和谐社会的思想保证。中国社会科学院作为国家社会科学研究的机构，有责任为此作出贡献。我们在编写出版《中华文明史话》与《百年中国史话》的基础上，组织院内外各研究领域的专家，融合近年来的最新研究，编辑出版大型历史知识系列丛书——《中国史话》，其目的就在于为广大人民群众尤其是青少年提供一套较为完整、准确地介绍中国历史和传统文化的普及类系列丛书，从而使生活在信息时代的人们尤其是青少年能够了解自己祖先的历史，在东西南北文化的交流中由知己到知彼，善于取人之长补己之短，在中国与世界各国愈来愈深的文化交融中，保持自己的本色与特色，将中华民族自强不息、厚德载物的精神永远发扬下去。

《中国史话》系列丛书首批计 200 种，每种 10 万字左右，主要从政治、经济、文化、军事、哲学、艺术、科技、饮食、服饰、交通、建筑等各个方面介绍了从古至今数千年来中华文明发展和变迁的历史。这些历史不仅展现了中华五千年文化的辉煌，展现了先民的智慧与创造精神，而且展现了中国人民的不屈与抗争精神。我们衷心地希望这套普及历史知识的丛书对广大人民群众进一步了解中华民族的优秀文化传统，增强民族自尊心和自豪感发挥应有的作用，鼓舞广大人民群众特别是新一代的劳动者和建设者在建设中国特色社会主义的道路上不断阔步前进，为我们祖国美好的未来贡献更大的力量。

陈奎元

2011 年 4 月

出版说明

自古至今，始终坚持不懈地从漫长的文明进程中不断总结历史经验教训，从中汲取有益营养，从而培植广阔的历史视野，并具有浓厚的历史意识，这是我们中国文化独有的鲜明特征，中华民族亦因此而以悠久的"重史"传统著称于世。在整个人类文明史上独一无二、系统完备的"二十四史"即证明了这一点。

中华人民共和国成立后，历史知识普及工作被放到十分重要的位置。20世纪五六十年代，著名历史学家吴晗主持编写的《中国历史小丛书》，90年代中国社会科学院院长胡绳组织编写的《中华文明史话》和《百年中国史话》，成为"大家小书"的典范，而后两套历史知识普及丛书正是《中国史话》之缘起。

2010年年初，为切实贯彻中央关于"做好历史知识普及工作"的指示精神，同时也为了更好地弘扬中国传统文化，我们对《中华文明史话》和《百年中国史话》

两套丛书的内容进行了修订和增补，重新设计框架，以"中国史话"为丛书名出版。第十一届全国政协副主席、时任中国社会科学院院长陈奎元亲任《中国史话》一期编委会主任，时任中国社会科学院副院长武寅任编委会副主任。正是有了各级领导的关心支持和诸多学术名家的积极参与，《中国史话》一期200种图书得以顺利出版，并广受好评。

《中国史话》丛书的诞生，为历史知识普及传播途径的发展成熟，提供了一种卓具新意的形式。这种形式具有以通俗表述、适中篇幅和专题形式展现可靠历史知识的特征。通俗、可靠、适中、专题，是史话作品缺一不可的要素，也是区别于其他所有研究专著、稗官野史、小说演义类历史读物的独有特征。

囿于当时条件，《中国史话》一期的出版形式不尽如人意，其内容更有可以拓展的广阔空间，为此2013年4月我们启动了《中国史话》二期出版工作。《中国史话》二期分为经济、政治、文化、社会和生态五大系列，拟对中国各区域、各行业、各民族等的发展历史予以全方位介绍。我们并将在适当时机，启动《世界史话》的出版工作。史话总规模将达数千种。

我们愿携手海内外专家学者，将《中国史话》《世界史话》打造成以现代意识展现全部人类历史和人类文明，集学术性、知识性、趣味性于一体的"万有文库"；并将承载如此丰厚内容的史话体写作与出版努力锻造成新时期独具特色的出版形态。

希望史话丛书能在形塑民族历史记忆、汲取人类文明精华、培育现代国民方面有所贡献，并为广大读者所喜爱。

史话编辑部
2014 年 6 月

目录
Contents

序 ……………………………………………………………… 1

一 走进固原 …………………………………………………… 1

1. 天设地造固原市 ……………………………………… 1

2. 设县置州数千载 ……………………………………… 4

3. 营稼畜养话桑麻 ……………………………………… 6

4. 设工置坊求生计 ……………………………………… 8

5. 阛阓熙攘搞流通 ……………………………………… 9

6. 征赋课钞计钱财 ……………………………………… 12

7. 精心策划建城邑 ……………………………………… 15

8. 驿邮网罗达四方 ……………………………………… 16

9. 科教文卫述发展 ……………………………………… 17

10. 发展旅游建景点 …………………………………… 22

二 历史激浪 ······ 24

1. 往城于方迁西戎 ······ 24

2. 开地千里灭义渠 ······ 25

3. 鞭驭海内筑长城 ······ 27

4. 汉武帝六出萧关 ······ 28

5. 光武两度伐隗嚣 ······ 30

6. 羌族三次举义旗 ······ 33

7. 赫连勃勃建大夏 ······ 36

8. 关陇集团三豪杰 ······ 38

9. 突厥吐蕃扰原州 ······ 41

10. 宋夏对阵数十秋 ······ 45

11. 宋金争夺德顺州 ······ 50

12. 蒙古汗国拔德顺 ······ 53

13. 会兵六盘平构乱 ······ 54

14. 安西王府五十春 ······ 55

15. 漠北残元掠固原 ······ 57

16. 三边总制固原卫 ······ 59

17. 甘军董帅战洋人 ······ 62

18. 封建社会告终结 ······ 63

19. 一九二〇年大地震 ······ 64

三 红绿六盘 ······ 67

1. 红军夜宿单家集 ······ 67

2. 红军长征越六盘 ······ 69

3. 红军会师将台堡 …………………… 73

4. 任山河殊死战斗 …………………… 74

5. 武工队喋血龙潭 …………………… 75

6. 六盘生态经济圈 …………………… 76

7. 地质公园火石寨 …………………… 79

8. 地震堰塞党家岔 …………………… 80

9. 雁岭生态示范园 …………………… 81

四 文化固原 …………………………… 83

1. 史前文化之光辉 …………………… 83

2. 千年祭祀北联池 …………………… 85

3. 春秋战国青铜器 …………………… 88

4. 天下右地固原城 …………………… 89

5. 文化交融丝绸路 …………………… 93

6. 固原古城览胜景 …………………… 97

7. 石门须弥山石窟 ………………… 101

8. 内涵丰厚文化园 ………………… 103

9. 砖雕泥塑显技艺 ………………… 109

10. 正月初九耍社火 ………………… 111

11. 文苑奇葩纸织画 ………………… 114

12. 西海固文学创作 ………………… 115

五 回乡风情 ………………………… 118

1. 回族渊源从头说 ………………… 118

2. 肃穆庄严清真寺 ·················· 122

3. 先贤陵寝诸拱北 ·················· 126

4. 回民起义求生存 ·················· 130

5. 民间文化唱弹跳 ·················· 134

6. 伊斯兰文物遗存 ·················· 137

7. 清真饮食泛馨香 ·················· 140

8. 服饰婚丧话乡俗 ·················· 145

9. 温良恭俭讲礼仪 ·················· 149

六 现代风貌 ························· 154

1. 努力建设新社会 ·················· 154

2. 改革开放新机制 ·················· 156

3. 扶贫开发治贫困 ·················· 158

4. 工业强市新战略 ·················· 161

5. 现代生态示范区 ·················· 162

6. 生态移民奔小康 ·················· 163

7. 强力发展服务业 ·················· 165

8. 城市功能再提升 ·················· 166

序

　　固原人自古重视典籍。这一方面是出于对书籍本身的偏爱，阅读书籍不仅可以带来一种日常心境的快乐，且又能够从中获取知识和道义，即使在当今信息化、网络化时代也难取消书籍的编写和阅读；另一方面是由于对传统的偏爱。既然无法以记忆回溯传统，那么书籍自然成为再现传统和认识传统的最佳载体。在传统文化典籍中的史话无可争议地成为编写中的新时尚。

　　固原曾编撰过史话，是宁夏全区的第一本，在人们仿照借鉴之余，不免指指点点，这很符合宁夏人的性格——"宁夏人生的犟，后头来的前头放"。这次《中国史话》系列图书，给了我们重新修正的机会和再次展现固原的平台。

　　《固原史话》着重展现了固原的历史、经济、军事、文化和固原人民不屈不挠的斗争精神。《读史方舆纪要》称固原是"左控五原，右带兰会，黄流绕北，崆峒阻南"，"据八郡之肩背，绾三镇之要膂"的咽喉要冲，"军门为天下第一"。固原在历史上设县、郡级行政建置在宁夏最早，是远古文化和农业经济发源地之一；是丝绸之路古镇之一；也是针灸医学鼻祖皇甫谧和大书法家梁鹄及大文学家王夫之的故里；是唐抗吐蕃、北宋御夏的前沿，蒙元屯兵重地，明清三边总制的驻所。这里曾发生过秦始皇登鸡头望祖厉，汉刘秀两征隗嚣，汉武帝六处安定，唐太宗瓦亭观马政，元太祖殒命六盘，毛泽东词咏长征。中华人民共和国成立后，固原是党中央最牵挂的地方，前后共有 30 多位党和国家主要领导人来固原指导工作。当前，固原是中国西部前景极佳的待开发地区，是陕甘宁革命老区振兴规划的中心城市、宁南区域中心城市，也是中央确定的重点扶贫的"三西"地区之一，拥有中央给予的特殊优惠政策。固原是红色旅游城市、全国百强慈善城市、长征十大潜力城市、中国红色魅力城市之一。我在这里着重强调的是，固原人民继承和发扬革命传统，立足科学发展、跨越发展，既坚持一张蓝图绘到底，又根据新的形势和任务，不断创新发展思路，优化发展模式，加快发展速度，提高发展质量，努力使全市各项工作在全国有亮点、在西部有影响、在宁夏敢争先。以团结奋进、自强不息、百折不挠、勇攀高峰的六盘山精神在固原厚重的历史上再添加重重的一笔。

感谢《中国史话》编辑委员会的精心策划和热情指导，

感谢出版部门的精细工作，感谢专家学者对《固原史话》的
细心修改和热情帮助。

中共固原市委书记 李文章

2014 年元月 20 日

一 走进固原

固原，地处中国大西北，历史悠久，区位重要，是中华大地上一颗璀璨的明珠。周朝时为大原，汉置安定郡，北魏改安定为原州，唐迁原州后称故原州，明设固原卫，易"故"为"固"也有原州固若金汤之意，此即固原名称的由来。

1 天设地造固原市

固原市位于宁夏南部，东与甘肃环县、镇原县毗邻，南与平凉市为界，西与靖远、静宁县接壤，北与宁夏中卫、同心县相连，地处西安、兰州、银川三省省会之间的三角地带中心。

固原的地质构造跨中朝准地台和昆仑秦岭地槽褶皱区，早在古生代以前，为一浅海湖泊，后经古生代早期地壳运动，纵贯南北的古陆梁褶皱隆起。中生代以来，经过多次隆起、沉陷，尤其是新生代喜马拉雅运动，横亘西南的六盘山脉拔地而起，奠定了现代地貌基础。第四纪以来，其上覆盖了不同时期的物质,又经长期自然侵蚀,形成现在复杂多样的地貌。固原境内以六盘山为南北脊柱,将整个地区分为东西两壁,呈南高北低之势,海拔在 1500～2200 米。由于受河水切割、冲击,固原地区形成丘陵起伏、沟壑纵横、山多川少、塬梁峁壕交错的地理特征,属黄土丘陵沟壑区。主要山脉六盘山呈南北走向,主峰美高山(米缸山)海拔 2942 米。

固原的水系以六盘山为分水岭,六盘山以西的马莲河、十字路河、大庄河、好水河、渝河、水洛河西流入葫芦河,转而入渭河。六盘山以东又以开城梁为分水岭,梁南的瓦亭水、六盘水、泾河源水、红河、茹河水东流入泾河,梁北的清水河流入黄河。地表水资源年径流量 7.28 亿立方米,占全区地表水资源年径流量的 77.8%。地下水总储量 3.24 亿立方米,可供开发利用的有 2.44 亿立方米。

固原有土地 2517.45 万亩,其中农业用地 1103 万亩。六盘山自然保护区经济价值较高的植物有蕨菜、沙棘、发菜和国家重点保护的黄芪、桃儿七和北方少见的窝儿七、暴马丁香等。珍贵的树种有云杉、油松、华山松和水曲柳等。野生药材植物有 530 多种,临床使用的有贝母、刺五加、三七、党参和当归等数十种。林区还栖息着国家一类保护动物金钱豹,三类保护动物林麝、金雕、红腹锦鸡。六盘山自然保护区昆虫极为丰富,其优势类群有尺蛾、夜蛾、天蛾、常蛾、十二羽蛾等。还有波水蜡蛾,在北京中国农业大学仅有雌雄各一只标本,而在六盘山却极为常见。褐纹十二羽蛾仅存于六盘山,国内其他地方尚未发现。矿产资源方面,境内金属矿藏稀少,而非金属矿藏资

源较丰富。已探明的矿产有燃料、金属、盐类、非金属、建筑
耐火矿产5大类，共有矿种16种，产地分布达40多处。

固原位于中国大陆中部的偏北地区，又处在我国季风气
候区的边缘，海拔高，气温比同纬度的东部地区偏低，故气
候特征属中温带大陆性季风气候。气温变化大，长冬无夏，
春秋相连。以南部六盘山为中心，气温向东、西、北三方逐
渐增高。北部地区干旱少雨且光热潜力大，南部阴湿多雨、
光热不足。

据最新考古发现，固原在旧石器时期即有人类活动。明代
始有人口统计。明嘉靖二十年（1541），固原州约有人口
52921人（不含驻军）。清代时固原人口激增，尤其在同治年
间（1862~1874），陕甘起义军中的回民被大量安置到固原。
1928年，固原总人口227548人；1945年，总人口333212人，
其中回族155914人，占总人口的46.79%；1949年，总人口
412024人，其中回族149681人，占总人口的36.33%。新中
国国成立后，社会安定，人口迅猛增长。20世纪80年代初，

现代固原城

实行计划生育。2012 年，全市总人口 1550000 人，其中回族
718118 人，占总人口的 46.33%。

2　设县置州数千载

早在旧石器至新石器时代，固原境内已有人类居住。夏商
时代属雍州，西周属大原，为义渠戎。战国时秦昭王灭义渠戎
置乌氏，为建置之始，至今约 2340 余年。秦昭襄王三十五年
（前 272），秦灭义渠戎，建朝那县。汉初，沿秦旧制。西汉武
帝元鼎三年（前 114）析北地郡置安定郡，郡治高平（今固
原）。三国至西晋时，固原属曹魏雍州安定郡。十六国时，前
赵分安定郡部分地区增设陇东郡，以高平设朔州统领陇东、安
定郡。北魏太延二年（436）置高平镇。正光五年（524），改
高平镇为原州，并置高平郡，倚设高平县，治所高平。北周设
原州总管府，领高平、长城二郡。隋开皇二年（582）废长城
郡。开皇三年（583），废高平郡。大业三年（607），原州改
平凉郡，郡治平高。大业六年（610），废原州总管府，置牧
监。唐武德元年（618），改平凉郡为原州，属关内道。贞观
五年（631）于原州置中都督府。天宝六载（747）改原州为
平凉郡，乾元元年（758），平凉郡复改原州。大历元年
（766），吐蕃攻占平高，原州治所迁灵台百里城，后迁平凉及
临泾。大中三年（849），原州迁回平高，广明元年（880），
原州复迁临泾，五代时为吐蕃所占。宋至道三年（997）以故
原州城设镇戎军，属陕西路。咸平六年（1003）置彭阳城、

陇干城。庆历元年（1041），镇戎军改属渭州隶泾原路。庆历三年（1043），以陇干城建德顺军。绍圣四年（1097）置平夏城，大观二年（1108），以平夏城置怀德军。贞祐四年（1216），德顺军升防御州，后又升节镇名陇安。金时，今泾源县属平凉府安化县。元废镇戎、德顺。元至元九年（1272），在开远堡设立陕西行中书省开成府路，至治三年（1323）降开成府为州。明降开成州为县，设固原巡检司属陕西布政司平凉府，弘治十五年（1502），设固原州、卫，均属陕西都指挥使。清顺治初固原州属陕西省平凉府，不久改固原道，连同三边总制府、固原卫均驻固原城。康熙初年迁镇，设平凉道，治固原。雍正初废固原卫，乾隆初固原设平、庆、泾道，同治年间旋改为平、庆、泾、固、化道，移治平凉。同治十三年（1874），固原设直隶州，领硝河州判。民国始，固原州属甘肃省泾原道，后属陇东行政公署。1913年，废固原州设县。1940年，固原设甘肃第二行政督察专员公署。1942年，专员公署迁硝河城，建西吉县后被撤销。1949年10月，固原县、隆德县、海原县、泾源县（原化平县）属甘肃平凉专区，西吉县属定西专区。1950年2月，西吉县属平凉专区。1953年3月，以西吉、海原、固原建立西海固回族自治区，1955年11月改称固原回族自治州，隆德仍属平凉专区。1958年，西吉、海原、固原、隆德、泾源5县归固原专区，属宁夏回族自治区。1983年7月，从固原县析置彭阳县。2002年7月，固原地区改为固原市，固原县为原州区。2004年6月，海原县划于中卫市。2010年，将原州区黑城镇、七营乡划拨给海原县。至此，固原全市辖 43 乡 19 镇 3 个街道办事处。

3 营稼畜养话桑麻

社会主义制度建立后，国民经济实行有计划按比例发展。1949 年 8 月至 1958 年，实行统一计划、分级管理的制度。固原的地区生产总值由 1949 年的 3151 万元，增加到 1958 年的 5693 万元。在"二五"期间和"三五"期间，由于"大跃进"和"文化大革命"运动，各项经济指标均未完成。1978 ~1992 年，实行计划经济与市场经济相结合的体制，固原地区生产总值由 1978 年的 11725 万元增加到 1992 年的 51409 万元。实行市场经济体制以来，固原地区生产总值逐年增长，2012 年，就达 158.74 亿元。

固原市是迄今已发现的中国古人类活动的主要地区之一。新石器时代生活在清水河、葫芦河、茹河河谷平原的先民们用磨制的工具开垦土地、种植谷物，发明了农业种植。同时，以猪、羊和牛为主的畜养业因驯养而兴起。商朝初因气候变化，农业种植陷于停顿，游牧业成为社会经济的主体。周康王时，固原地区成为周人和戎族接触频繁的地区，种植业、畜牧业同时得到发展。战国时期，铁制农具广泛使用，牛耕技术的推广加快了土地垦殖速度。汉代推广代田法和新式工具，普及牛耕技术，"天下安宁，民无横徭，草树殷阜，牛羊弥望"，农业经济发展，移民入境人数也达到空前规模。同时，官营畜牧业发展良好，安定、北地等郡"太仆牧师诸苑三十台所"，"募民相徙从事耕垦外，还种树畜长"，栽种"桑果之属"。东汉，固原地区农耕经济继续发展。曹操统一北方，大兴屯田，农业界线稳定在秦长城沿线。西晋伐魏，招抚流民，鼓励垦荒，小麦在固原地区大面积种植。西魏，原州刺史窦炽在州10年，"亲巡陇南，劝农耕桑"，经济林有了一定的发展。隋文帝垦田籍账，原州有"粟陈贯朽之积"。唐朝的原州之地很长时间实行监牧，畜牧业得到发展。"七关"既复，农业缓慢恢复。宋建国之初，"严守令劝农之条，而稻、粮、桑、枲务尽地力"，"久之，天下生齿益蕃，辟田益广"。陕西转运使刘综在镇戎"军城四面主屯田务""又于军城前后及北至木峡口，各置堡砦，分居其人，无寇则耕，寇来则战"。靖康之后，宋金激战，"镇戎、德顺轧浸成灾"。元朝建立，肇基朔漠，但"祖述变通"，劝课农桑，推行汉法，以开成为中心的固原地区，农牧业稳定发展。明朝既立苑兴牧，又垦田为永业，固原卫闲地"则为屯田，且耕且守"。明末清初之际，固原乱离尤甚，固原、隆德两县承赋耕地仅1.6万公顷，不足明时一半。清康乾之际，裁革马寺，"分明韩王、楚王、黔宁王九十五万公顷地给佃"，固原农业逐渐恢复，畜牧业、林果业也空前发展。乾隆之后，封建社会进入末期，"旧税捐难负，又加新赋"，民族压迫，回汉隔阂。同治时期，固原遭战乱浩劫，民十室九空。民国建立，将清末名目繁多的陋规列入征赋，致使固原农林破产，地震、旱涝、天灾人祸，百姓"元气斫丧殆尽，濒于绝境"。

中华人民共和国成立后，开始实行土地改革，走集体化道路。建立人民公社后，以"粮为纲"和"吃大锅饭"的政策挫伤了农民生产积极性，生产发展缓慢，大多数人靠政府救济。1959～1978 年，可供分配的资金很少，人均口粮为 138 斤原粮，最高不得超过 414 斤原粮（马铃薯每 4 斤折 1 斤）。1978 年，实行土地家庭联产承包责任制，国家把农业放在国民经济发展的首位，1998 年全市农民基本解决温饱并向小康社会迈进。2012 年，固原的农业总产值达到 78.35 亿元。

4 设工置坊求生计

早在新石器时代，固原的先民即开始手工加工石器、骨器、陶器等生产工具和生活用具。春秋战国时期，铜器、铁器等生产工具出现。隋唐时期，皮毛加工业比较兴旺，白毡、覆鞍毡、龙须席等产品被列为贡品。此后至宋、元、明、清时期，先后出现采煤、火药、榨油、粮食加工、食品、毛织、缝纫、皮革制品、竹木金属制品加工等手工业生产。民国时期，新增印刷、造纸、机修、印染等生产门类。1933 年，官私合办四维工厂，生产机织布、粗线呢、毛衣、栽绒毯等产品。

新中国成立初期，固原境内仅有一些私营手工业作坊，规模极小，主要有粮油加工、食品、采煤、火药、皮毛加工、竹木金属制品加工、缝纫等行业。1955 年，固原始有现代印刷业。1956 年，在社会主义工商业改造中，大多数私营手工业作坊被组建为集体合作企业。同年，固原县联合工厂（固原县油面厂前身）建成投产，固原始有国营现代工业，开始机械化加工粮油，并始建电力工业。1958 年，固原全地区掀起大办地方国营企业和社队工业的高潮，集体所有制手工业全部并入国营工业。同年，上海支援宁夏，企业搬迁固原，固原境内始有国营纺织企业，同时还建立国营食品加工厂。1961 年，在国民经济调整中，纠正"一平二调"的错误，恢复集体所有制手工业企业及生产，清理叫停不具备生产条件的国营企业和社队工业企业。1962 年，固原境内始有国营制酒业。1965 年，在"三线建设"背景下，境内兴建部署国防工业企业。20 世纪 70 年代初，固原兴办"五小"工业，先后建立水泥、农机修造、机砖等企业。1978 年，城乡个体、联户工业迅速发展。1988 年，企业实行承包经营责任制。1990 年年底，固原的工业总产值达 17249.7 万元，主要工业门类为采掘业、建材及非金属矿物制品业、食品制造业、纺织业、缝纫制革业、印刷业、竹木金属制品业、机械工业等。1993 年，固原的中小企业开始深化改革，"以产权多元化为核心，以股份合作制为主要形式"，2012 年固原全市共有工业企业 7034 个，全部工业总产值 62187 亿元。

5 阛阓熙攘搞流通

历史上，固原地处农业经济与畜牧业经济的过渡地带，丝绸之路穿越境域，贸易市场出现较早。2000 多年前的畜牧业主兼大商人乌氏倮，秦始皇给予他"比封君"的政治待遇。汉代固原是安定郡的政治、经济中心，人口繁衍，贸易兴起。唐代，固原成为"盐铁交易""茶马互市"之所，大食商人在这里经商。11世纪中叶，北宋与西夏在边境地区设立互市市场——榷场，设有官吏监督贸易并收税，商人在榷场交易需交纳商税和牙钱。镇戎军的榷场设在高平寨。北宋以丝绸、工艺品与西夏之药材、畜产品互易。16世纪初，明三边总制府在固原城设盐场，向陕甘等地转输食盐，商旅日集，岁征税银四五万两。"居者如堵，行者如市"，"商贸奔藏于肆"。清代初，固原城内"居民稠密，四门关厢，亦开铺面"。19世纪中叶，固原城主要街巷以布店、山货、米粮、白米、鸡鸭命名，外地商人建有会馆，同治时期兵燹后衰落。20世纪初，固原各县以县城为中心向四乡辐射，农村集贸市场初具规模，商业渐有起色。历1920年大地震和1929年大灾荒后，固原复呈凋敝。抗日战争爆发后，固原为大后方，盐运渐兴，商业有所复苏。1940年，固原城内经营布匹、百货、山货、中医药、烟酒等行业者649户，饮食、旅店、修理、磨面等服务行业者361户。解放战争爆发后，固原境内通货膨胀严重，市场萧条。

新中国成立后，人民政府保护私营工商业，银行亦以贷款相扶持，私营商业得以复苏；国营、供销合作社商业相继建立，城乡贸易日趋活跃。1953年，固原全地区商品零售总额达1313万元，比1950年增长91.7%，当年私营商业比重占60.52%。改革开放以来，固原经济、社会各项事业得到了较

快的发展，以做大做强商贸流通业为主旨，促进现代流通业的
发展，全市商贸流通业发展呈现良好态势。商贸流通规模逐年
扩大，社会消费品零售总额逐年增加，2004 年比 2000 年增长
68.18%，商贸流通产业结构逐步优化，市场主体多元化，国
有、集体、民营、个体、股份制等多种经济形式共同发展，
2004 年全市非公有制企业达到 14975 户，从业人员 20938 人，
民营商业比重已达到 65%。市场建设步伐加快、信用市场体
系日趋完善。固原市兴建了具有现代流通业风格的较大型商场
7 座，建设总面积达 12.7 万平方米，农贸市场结合小城镇建
设进行改造提升，已初步形成了适应城乡居民生产生活需要，
品种多样、门类齐全的商贸流通网络体系。市场信用体系建
设正在发挥调节市场、规范市场的重要作用，旧机动车交易
市场、公平拍卖交易市场经过培育取得初步成效；民间信用
担保、典当行活跃了固原的金融市场，对固原金融创新进行
了有益的尝试。固原现代流通方式稳步推进，以现代流通方
式为特征的物流配送、仓储式经营、连锁超市、便民店等正
引领消费时尚，特许经营的品牌店、加盟店、直销服务已在
百货、餐饮、服饰、美容美发等行业得到较快发展。固原市
按照"谁投资、谁所有、谁受益"的政策，采取灵活多样的
方式，利用社会民间资本办市场，已投入运营的新时代购物
中心、五指广场和义乌商贸城三家大型综合商贸流通企业，
提升了城市生活品位，刺激了地方消费，促进了商贸流通业
的发展。2012 年，固原市社会消费品零售总额达 43.25 亿
元。

6 征赋课钞计钱财

历代税收多以田赋为主。禹定九州"赋入贡棐"。随着夏王朝的巩固,"贡赋备矣","相地宜所有以贡","夏后氏五十而贡,殷人七十而助,周人百亩而彻,其实皆什一也",均以十分之一税率征收田赋。

秦贡物服役,男 20～56 岁为界。西汉田赋"什五而税一",景帝前元二年(前 155)改"三十而税一",15～56 岁的男女,每年征钱 120 文,3～14 岁的男女每年口赋 20～23 钱。东汉初十分而税一,建武时三十税一,延嘉年间每亩加田租 10 钱,中平年间又加 10 钱。三国曹魏实行田租户调制,使官牛六四开,不使官牛对半开。建安年间,田租按亩征谷 4 升,户调每户捐 2 匹、绵 2 斤。西晋田租 50 亩收租 4 斛,户调男丁户岁捐 3 匹、绵 3 斤,女及次丁男减半。东晋亩税米 3 升。太元八年(383)增税米,每口 5 石。北魏初,每户粟 2 石、帛 2 匹、絮 2 斤、丝 1 斤。太和九年(485)规定,一夫一妇每年交租 2 石、帛 1 匹,未婚男女,每人交 1/4,耕牛交 1/20。隋代,丁男租粟 3 斛、绢 1 匹(约 4 丈)、绵 3 两或布 5 丈、麻 3 斤,单丁及仆奴减半。唐初,每丁租 2 石、绢 2 丈、绵 3 两或布 2 丈 5 尺、麻 3 斤。贞观二年(628),地税每亩 2 升,户税上户 4000 文,上中户 3500 文,上下户 3000 文,以下依次递减 500 文。广德年间附加青苗费每亩 15 钱。建中元年(780),依田亩多少征税,春秋两次。宋时,田分上、中、下三等，上田夏征5合，秋征5升，依次减一。德顺、镇戎等军打量蕃田，一律免征，3年后征其所收一半。全按田亩多少征赋，夏征3合，秋征5升，夏可纳钱，秋征实。夫役可纳钱以代。元代，凡种田者，白地（旱地）每亩输税3升，水地每亩输税5升。元末，"陕西民田亩输粮一斗，复征其盐米六升"。明时田赋以黄册为准，"其后黄册只具文，有司征税、编徭，则自为一册，曰白册云"。明初期，只征粮食、谷草两项。官田亩税5升3合、草9束，民田3升3合、草7束，夏粮交麦为本色，其余为折色。清初，亩税1钱5分5毫、粮8升1合1勺、草4分6厘。雍正五年（1727），摊丁入亩，每口银2钱。光绪末年，川塬地每亩征银2钱5分，山地2钱，加征15耗羡和闰年增征。

民国田赋正税包括丁银、地粮、草束。地粮包括耗羡、盈余、斗尖、验粮、看粮、斛面。正税附加包括粮石附加、地亩附加、一五耗羡、百五经费、清乡费、五五盈余（建设费、教育费、公安费、乡镇费、保甲费、民团费等）附加及杂赋杂捐，如担头税、商铺税、鸽堂捐、伞巢捐、牲畜学捐、车马捐、烟头捐等。1915年每正银1两，征收库平银1两7钱5分，按地丁银每亩附收经费5分，粮石正杂1斗5升。大草每束18斤、小草7斤，折收银币。1939年，地丁银正银1两，连同耗羡、盈余、经费实征2.62元。自1946年开始，每年3月、8月，省府召开各县县长"定额委征开票会议"，赋税按需征派，无定数，多征多奖。以1946年为基数，提前委征。1947年，固原县田赋委征至1958年，化平县委征至1957年，隆德县委征至 1949 年，西吉县委征至 1950 年。

盐铁等工商税始于秦汉时对商人课征的商税、牙税，明代有"门摊课钞"，清代有牙税、当税。道光二十年（1840）以前，除盐税、牙税、当税外，还有少量常关税。清咸丰四年（1854），各省先后开办厘金，分板厘与活厘两种，板厘是坐商税，活厘是行商税。咸丰五年（1855），固原开征的税种有当税、牙帖税、盐税、磨税、商税、畜税、契税。清末固原征收的税（捐）种类有盐税、关税、契税、畜税、烟酒税、印花税、统捐、摊捐、杂捐等。民国初期，各省各自为政，税收制度十分混乱。当时货物税约占税收的 10%。1928 年，南京政府规定，对集中生产的卷烟、麦粉、棉纱、火柴、水泥，出厂时统一征税，合称五项统收，与盐税、关税一起被称为"三大税源"。1931 年，创征营业税。1936 年，开征直接税，对个人薪给报酬、存款利息、营业利润，课征所得税。1943 年，开征财产租赁和财产出卖所得税，还有直接税、货物税、食盐战时附加税，被称为"战时三新税"。1942 ~ 1943 年，直接税占全部税收的 30%。1946 年以后，直接税、关税、货物税和盐税为国民政府税收的四大体系。民国时期，税捐项目繁多，加之各级地方政府巧立名目的苛政暴敛，故有"民国万税"之说。

固原市财政收入主要来源于农业税收入、工商税收入、企业所得税收入和上级补助收入。地方财政收入占财政总收入的 5%，年均占地区生产总值的 3.8%，财政收入基本实现了与经济建设的同步增长，形成相对稳定的财政增收机制。财政支

出规模逐年增加，按照宁夏回族自治区确定的目标，坚持
"一是吃饭，二要建设"的原则，固原市调整支出结构，维护
国家机器运转，支持整个经济发展，促进社会事业进步，服从
并服务于经济建设和改革发展稳定的大局，地方财政支出年均
占地区生产总值的 32%。

7 精心策划建城邑

固原城市规划和大规模建设始于 1984 年。在此之前，仅
限于居民职工住房的建造、商店门肆的修缮、道路的硬化、环
境卫生的清扫及排洪设施的建设。自 1985 年开始，按照规划，
固原城市建设从基础设施的配套完善到重大项目的定点布局，
从产业结构的调整优化到城市分区功能的配置和确定，从生态
环境的保护到历史文脉的继承和延续等方面进行。第二次城市
规划于 2001 年开始实施。由于撤地设市和行政区划的调整，
2004 年固原的城市规划进行了重新编制。规划期限为 2005～
2020 年，规划区由 28 平方公里扩大到 43.2 平方公里，规划人
口由 22 万人扩大到 40 万人。按照总体规划，固原有三大任
务：完成近期建设、城市排水防洪工程等专项任务；完成五路
口地段、古雁岭绿化改造工程和新区四个截取的控制性建设工
程；完成新区行政中心建设、清水河治理与景观改造、师范学
院新校区建设、回中及体育馆建设等 20 多个城市重点建设项
目。固原市旧城保护性改造正在进行，各县也按照新规划进行
建设。

和平门

8 驿邮网罗达四方

固原是西北重镇，秦长城跨境200多公里，烽燧相接，驿道连通，又是丝绸之路北道东段的重要关隘，可以说是："回中道路险，萧关烽堠多。五营屯北地，万乘出西河"。固原现今的公路，大多沿古道方向重辟，全市以312国道、309国道和109省道等为骨架，形成三纵三横公路网络，银武高速公路至固原段通车，宝中铁路过境。全市有等级公路3229公里，66个乡镇通油路，932个行政村通公路，年均货运量329万吨，货物周转量39270万吨公里。

清光绪三十年（1904），固原始办邮政业务。邮路几经变更，干线银川至固原自办汽车邮路，连通固原、西吉办汽车邮

路，经转兰州、平凉（定西口）邮路，有隆德、什字、蒿店
和三营、固原交换点。自办邮路有固原至静宁，固原至彭阳、
泾源邮路。中宝铁路通车后，组建银川至上海邮路，在固原交
换，转发市内泾源、彭阳、西吉、隆德邮件。1998 年，固原
又开设乌鲁木齐至郑州的交换点，经转武威以西的全部邮件。
县内邮路有固原至张易、三营至七营、西吉至田坪河、泾源至
新民、彭阳至王洼等邮路。2012 年，固原邮电业务总收入
5.73 亿元。

光绪十六年（1890），固原始办电信业务，1973 年换载波
线路，1994 年实现了程控化。2012 年，固原有固定电话 10.06
万部，移动电话 90.7 万部，上网用户 4.65 万户。

9 科教文卫述发展

民国时期，西吉、隆德、化平（今泾源）、固原虽有县卫
生院，但人员少、设备差、技术低，医疗卫生事业落后，农村
更是缺医少药。1949 年，固原共有卫生院（站）门诊和私人
经营的药店 17 个，卫生技术人员共 50 余人。

新中国成立后，随着社会经济的恢复发展，人民政府兴办
卫生医疗事业，除分配专业人员充实县级卫生院外，1954 年
开始筹建西海固回族自治区医院，医疗卫生事业逐步发展，基
本形成地区、县、乡三级医疗卫生保健体系。1969 年地区设
卫生防疫站，固原县设地方病防治所，扩建固原县医院，并恢
复停办 10 年之久的地区卫生学校，为当地培养了一大批医疗

卫生人才。1973年，国家投资350万元新建地区医院，同时，各县医院相继健全机构、增加设备、扩大科室规模。到2012年，固原已有医疗卫生机构300个，其中县级以上医院9所，中医院2所，乡镇卫生院17个，卫生防疫站6个，妇幼保健所6个；药械所1个，医药卫生学校1所，病床4466张，卫生技术人员4158人。

固原体育事业历代多属民间群众自发的自娱活动，少有官方组织开展的体育活动。民国时，除各县中小学组织简单的体育活动外，固原没有以县为单位的体育组织及体育活动。

新中国成立后，坚持体育为社会主义现代化服务的方向，发展人民体育事业，增强人民体质。1960年，固原成立专署体育运动委员会，各县亦设立体育运动委员会，管理当地体育事业，还先后成立了单项体育协会11个。

旧时教育体现在乡村以私塾为主。固原境内私塾最早见于西汉，业师多为经学儒生。安定梁氏、皇甫氏，原州李氏等望族，重视子弟培养。梁竦、皇甫规一边设帐授徒，一边著书立说。魏晋时皇甫谧培养出张轨、挚虞等名人。隋原州"私学三十有七"，唐无考，宋"乡、里无不设私学"。元十五里为一社，每社置学校一所。明清的私塾"虽一邑、一乡、一里、一闾，无不有之"，"各处私塾难以指计"。宣统二年（1910），固原、隆德、化平3县有私塾169所。1949年，在登记的私塾名单中，固原有18所，隆德有46所，泾源有16所，西吉有31所。义学为官宦富豪捐资设立，招收贫寒子弟免费就读。清同治年间，左宗棠为固原、隆德、化平捐俸银办义学11处，招收学童 117 人。

明清书院始盛，明嘉靖时固原有固原书院、文光书院，清道光时设文昌书院，光绪年间设五原书院等。早期的书院以经学教育为主，后设经学、史学、掌故之学、舆地之学、算学等课程，由习经训古向现代教育转变。书院经费主要靠学田田租，或发款商号收取利息。官课由州县地方官轮流出题，堂课由山长出题阅卷。书院每月进行管课一次、堂课两次。宋大观二年（1108）镇戎、德顺始办儒学，其后儒学未见当地史志记载。明时，固原州、隆德县建有学舍，置教授、训导管理。生员为廪生、增生、附生，名额各年不一，儒学校舍大部分与文庙（即孔庙）建在一起，并称为儒学或庙学。卫、州、县学除各有训导外，卫学有教授，州学有学官（学正），县学有教谕。学校以四书五经为主要教学内容，并根据固原的地方特点，"教军职子弟读《百将传》《武臣大诰》，以为讲武保身"。同时，按照明制规定，在校学生必须兼读《御制大诰》及本朝律令，以强化封建专制统治。成化年间（1465～1487），"固原城庙学草创"，弘治十五年（1502），户部尚书兼都察院左副都御史秦纮就任三边总制后，对庙学简陋很不赞赏，于是在其基础上扩建为儒学，隆庆四年（1570），又增建尊经阁。学生除廪生和增生外，还有附学生员。万历二年（1574），兵部左侍郎石茂华任三边总督后，重建尊经阁。洪武二年（1369），隆德县在城内北隅创立县学，此后，自永乐至万历年间，三次重修，并迁儒学于城外东隅。

宣统《固原州志》刊载全部历届贡生、廪生、增生、附生、武生共 910 名。

光绪二十七年（1901），清政府下诏改全国书院为学堂。从此，书院与科举制度俱废。光绪三十二年（1906），新任知州王学伊创修固原州中学堂。杨映旌等人创立文社，筹款发商，增领学田，修房取租，经营数载，擘画周至。"千总钱万德，居本城。光绪三十三年，以祖业五亩余，捐助中学堂为操场。"州城还建有高等小学堂，农村有蒿店等 9 所官立小学堂和杨郎庄等 20 所民立小学堂。另有 6 所公立小学，系提督张公行志创设，兵民兼收，着意培养识字的士兵。光绪三十四年（1908），黑城镇李广玉、李广才创办自立初等小学，名"玉才小学堂"。祁家堡子祁应兴、祁应魁在该堡自立小学堂，名"兴魁小学堂"。

1912 年 1 月 29 日，南京临时政府教育部颁布《普通教育暂行办法》，通令"从前各项学堂均改称学校"。时固原州及各县均设立劝学所。1926 年劝学所改为教育局，1936 年裁局改科，县属教育局改为县政府教育科。清光绪三十二年（1906）创办的固原州中学堂，因不符合标准，1910 年改为固原县立第一高等小学堂，1935 年改为固原提署街小学校，1941 年改立初级中学，1948 年增设高中预修班一班。到 1947年，固原县共有中心国民学校 15 所、初级国民学校 142 所。1942 年，固原还创办省立固原国民初级简易师范学校，这是固原地区师范教育的发端。此外，固原还建有回族清真小学校、女子小学校等。

新中国成立后，教育全面发展，特别是改革开放以来，教育事业持续、健康、快速发展，办学条件明显改善，教师队伍不断壮大，初步形成了学前教育、小学、中学、职业教育和成人教育等多层次教育体系。2012 年，固原全市有高等学院 1 所，在校生 6162 人；普通中学 72 所，在校生 10.71 万人；职业中学 5 所，在校生 1.74 万人；小学 876 所，在校生 14.71 万人；幼儿园 97 所，在校生 2.42 万人。

固原处于中原农耕文化和北方游牧文化的交汇地带，各种文化融会贯通，形成了独特的地域文化，本书特设"文化固原"一章做详细介绍。固原文化事业欣欣向荣。全市共有专业艺术表演团体 2 个，各类电影放映机构 274 个，影剧院、俱乐部 10 个；图书馆 6 个，藏书 44 万册；固原博物馆收藏文物 1.2 万件，以原州区境内出土的世界仅有的价值连城的波斯鎏金银壶最为著名。广播电视事业迅速发展，现有电视台 6 个、广播电台 5 个，电视覆盖率达到 87.91%。市区开通数字电视，从而使固原成为继银川市开通数字电视之后，宁夏开通数字电视的第二个城市。西吉县文工团创作演出的《花儿四季》《世纪丰碑》《曼苏儿》等花儿歌剧舞不仅多次进京演出，也在国外频频亮相。

固原科技事业的全面发展，为经济建设提供了良好的条件。改革开放以来，在认真贯彻科学技术是第一生产力这一政策的同时，固原市委、市政府制定了推动科技进步的一系列措施，促进了科技事业的蓬勃发展。结合"231"工程的实施，先后有 1500 人和 2430 人进入"农函大"和"农广校"学习。科学普及教育的开展，推广了农业科技使用技术 10 类 30 余项，培训农业技术骨干 7.5 万人。科技示范网点基本形成，确立了科技示范乡镇 25 个、科技示范村 336 个、科技示范户 18481 户，为科技兴农奠定了基础。

10 发展旅游建景点

　　固原旅游资源十分丰富，文化底蕴深厚、特色鲜明，集人文景观与自然景观于一体。2000 年，经国家旅游局批准，固原建立了六盘山旅游扶贫实验区。

　　就旅游区而言，泾源县和隆德县境内有六盘山国家森林公园，荟萃了宁夏乃至西北地区生态旅游之精华，被誉为黄土高原上的一颗"绿色明珠"。六盘山国家森林公园内奇特的峡谷地貌和流泉瀑布，特有的植物资源，湖光山色的雄、俊、秀之气势，汇集了北国风光的雄浑及江南水乡的秀丽。小南川、老龙潭、凉殿峡、胭脂峡、野荷谷等景点堪称一绝，是生态旅游和休闲避暑的胜地。"魏征梦斩老龙""柳毅传书"等传说为原始的奇观披上了神秘的面纱。西吉县火石寨丹霞地貌，被称为"国家地质公园"。党家岔震湖更是别具风格。隆德北联池，是传说中的天境、雷池，有伏生峡、伏羲洞，为人文始祖活动的地方之一。凉殿峡清凉谷炎夏不觉暑，数九不知寒。"固原古城""回乡风情""丝绸古道""红色之旅""绿色明珠"，构成了六盘山地区独特的旅游品牌。始建于北魏时期的须弥山石窟令人叹为观止。1935 年 10 月，毛泽东领导中国工农红军翻越了长征途中最后一座大山——六盘山后，写下了壮丽的诗篇《清平乐·六盘山》。六盘山长征纪念馆、将台堡红军长征会师纪念园等已成为重要的爱国主义教育基地和红色旅游的胜地。1990 年 2 月，宁夏回族自治区人民政府决定建立泾河源风景名胜区，先后投资 991 万元，有计划、有步骤地用于景观设施和服务设施建设。2004 年 4 月，火石寨国家地质公园、国家森林公园正式开放，共投资 2000 多万元。1999～2005 年，全市景区投入 8527 万元。2005 年，固原市人民政府委托北京大衍致用设计院设计《固原市旅游业发展总体规划》，并开始实施。

　　固原拥有宁夏固原博物馆、固原古城墙、安西王府遗址、战国秦长城、东岳山、小西湖、须弥山石窟等旅游景点，是以古代历史、丝绸之路文化、宗教文化和现代人文为主要特点的文化旅游区，也是六盘山旅游区商业贸易、文化娱乐、餐饮服务的集散地和旅游交通中心。

凉殿峡景区

二　历史激浪

1　往城于方迁西戎

　　原始社会末期，农牧业生产有所发展，剩余产品增多，氏族内部的财产分配出现明显差别。社会财富集中到以部落头领为首的少数人手中，私有制取代了氏族公有制。夏朝建立后，各氏族部落首领仿效夏人，建立起以氏族徽号而命名的方国。

　　夏朝中期，气温转暖，生活在陇东地区的周人"复修后稷之业，务耕种，行地宜"，开荒耕种，恢复农业生产。由于遭到游牧民族反对，周人南渡渭水，进入关中，整个陇山区域成为发展畜牧业的地方，畜牧业经济得到迅速发展。夏朝时期，居住在固原地区的土著部落转入游牧后，畜牧业发展很快，成为具有一定实力的部落，他们与西北地区的游牧民族结成联盟，经常进攻夏国边境，夏人也积极开展攻势。后相征伐犬戎部落，七年后才臣服夏人。

夏朝后期,"桀为暴虐,夷人始衅",商人进入黄河腹地,夏朝灭亡。夏人虽然被商人征服,但并未被消灭。原居于陕西及河南西部的夏人,退到西北一带,成为后来的鬼方。今宁夏南部正是鬼方的居住区。史书记载:"夏桀无道,汤放之鸣条,三年而死。其子獯鬻,妻桀之众妾,避居北野,随畜迁徙。"正暗示夏人向西北方向退却的事实。鬼方与当地戎相融合,成为商的强敌,商"西伐鬼方,来亨来王",诸夏之族变成了商的臣属,皆被纳入商的统治之下,为了把许多血统不同的氏族放在一个权力统治之下,国家随之出现,商代形成了中国最初的国家。

周朝建立后,对太原地区有一定控制。周穆王时因戎不向周进贡,"西征犬戎,获其五王","王遂迁戎于太原"。"宣王中兴","王命南仲,往城于方","天子命我,城彼朔方","薄伐猃狁,至于大原"。周在百年间伐戎十次,至周宣王三十九年(前789)伐戎失利,"乃料民于太原"。这里的"太原",即今固原地区。固原地区第一次筑城,就是"城彼朔方"。朔方是周都镐京以北地区的总称。周宣王迁戎"泾洛以北","至于大原",即今固原地区。

周宣王死后,周幽王继位不久,又被犬戎杀死于骊山下,西周终于被戎所灭。诸戎居于泾、渭之间,成为秦的劲敌。

2 开地千里灭义渠

周幽王被西戎杀死后,周室被迫东迁洛邑,西戎乘机东进。秦文公十六年（前750），秦"以兵伐戎，戎败走，退回泾、陇一带"。秦穆公三十四年（前626），秦穆公对戎王施以美人计，送女乐28人。戎王得女乐以后，终日不理政事。秦穆公三十七年（前623），秦穆公乘机出兵，一举攻破西戎12国，"开地千里，遂霸西戎"。但义渠、乌氏仍筑城以自守。秦厉公三十三年（前444），秦出兵"伐义渠，虏其王"，义渠王虽然被秦国所俘获，但义渠的力量并未受到重大损失。所以，十多年之后，即秦躁公十三年（前430），义渠向秦进行了一次大规模的反攻，进入秦的腹地，直至渭水以南，重创秦国。不久，义渠再一次大败秦于洛水一带。秦军和义渠的战争形成相持局面。

秦孝公继位后，为独霸西部，采用商鞅变法，迁都咸阳，国力增强，加强了向西攻击义渠、乌氏的力量。秦惠文王七年（前331），义渠国发生内乱，秦国利用这一机会，派大将庶长操率领秦军进攻义渠，义渠因内乱终致失败，不得不"臣于秦"。后八年，秦又伐义渠，占领义渠国重要城郭郁郅（今甘肃庆阳），并设义渠县（今甘肃庆阳）、乌氏县（今固原东南）。秦惠文王更元八年（前317），秦军主力东度函谷关，与魏、赵、燕、韩、齐五国作战，义渠王率领部众向秦军发动突然袭击，击败西部秦军，并攻占李帛（地址待考）。秦惠文王更元十一年（前314），秦军击败五国联军后，大举反击义渠，接连攻占25座城池，开拓西北领地，给义渠以沉重的打击。义渠经秦军多次打击后势力大衰，重新臣属于秦。秦昭襄王时期（前306～前251），义渠王曾长期留居秦的王宫中。公元前

272 年，秦宣太后诱杀义渠王于甘泉宫，并出兵灭了义渠。自此以后，义渠作为一个古代民族政权在历史上消失了。"于是，秦有陇西、北地、上郡，筑长城以拒胡。"

3　鞭驭海内筑长城

秦兼并六国后，设立郡县，构筑城堡，设置要塞，移民开发。其中北地郡所领乌氏县，在今固原以南，平凉西北，隆德以东，彭阳以西，西吉县马莲川以南地区，朝那县辖茹河流域，华亭以北瓦亭及固原以东地区。

公元前 220 年，秦始皇出巡西北，出鸡头，过回中道，到高平，除了军事上的震慑和炫耀外，主要为祭祀朝那湫。

秦始皇三十二年（前 215），秦始皇派大将蒙恬北伐匈奴。蒙恬率主力军 30 万从咸阳出发，沿黄河北进，一路攻击匈奴主力，迫使匈奴部落纷纷降服，很快占领榆中（今内蒙古伊金霍洛旗及陕西榆林一带）。匈奴单于仓皇北逃，蒙恬率军乘胜追击，"使匈奴撤退七百余里"，夺取黄河南岸全部地区，史称河南地，蒙恬收复河南地后，指挥军民在沿边一带的重要地区构筑了三道防御线，修筑了一系列城障。秦在北地郡的乌氏县境内设瓦亭关（今固原南），还动用大量兵力，将战国长城向东西两面扩展，连接、整修了原秦长城、燕长城和赵长城，并沿秦边境线重新扩建，形成了历史上著名的万里长城。秦长城由甘肃静宁进入宁夏西吉县境内，东向入原州区，由河川乡入彭阳县，沿偏东北方向绕长城塬直向北折入孟塬，再呈东北向入甘肃镇原。长城在彭阳县东有孟家塬、西有姜家洼。孟姜女哭长城的故事在这里广为流传，传说中的孟姜女是彭阳县孟家塬至姜家洼一带人。

秦始皇三十五年（前212），秦始皇下令蒙恬率秦军征调大量民夫向西北边地开辟驰道，修筑从咸阳沿泾水至平凉，经瓦亭关，到达回中宫的道路，然后首次巡视郡国。秦始皇在途经六盘山地区时，目睹了乌氏倮经商发展畜牧的业绩，当即给倮以"比封君"的优待。也就是说，对他的礼遇等同王侯，他可以和秦国的大臣们一样，随时进宫朝见，参与议事。作为一个牧主与商人，乌氏倮能取得这样高的政治地位，是由于倮为朝廷提供了大批军马，对秦国有很大的贡献，故受到秦始皇的恩宠。根据秦制，向朝廷交粮就可以封爵，乌氏倮获得"比封君"的优待即是因为他向朝廷纳贡。

4 汉武帝六出萧关

秦末，楚汉相争，秦王朝徙边戍守的士卒纷纷离去，边防松弛，匈奴冒顿单于指挥30万骑兵乘机进攻，将其领地扩展到河南地。汉高祖七年（前200），刘邦亲率30万大军北伐匈奴，为匈奴所败。此后至汉文帝时，汉朝均采用和亲政策，并伴之以厚礼，但仍制止不了匈奴的攻掠。

公元前166年冬，匈奴冒顿的儿子老上单于带领14万骑兵，进入朝那、萧关（今固原境内），杀死北地郡都尉孙卬，掳掠人畜甚多，直至彭阳，并烧了汉朝的回中宫。匈奴的斥

堠，已到雍州甘泉。为了都城的安全，汉文帝调配中尉周舍和
郎中令张武，配备兵车1000辆，骑兵10万，在长安城旁戒
备；调昌侯卢卿到上郡（今延安一带）、宁侯魏速到北地
（平、固、庆、灵等地区）、隆虑侯周灶到陇西，分别部署防
御；又调张相如、董赤、栾布统率大军进击匈奴。匈奴老上单
于在汉朝内地留驻一个多月，见汉朝有了准备，撤兵返回，汉
军只尾随敌兵出塞，不敢追击。自此以后数年，匈奴每年都扰
掠汉朝东至辽东、西迄陇西的大片土地。北地郡都尉孙卬奋起
抗击匈奴而献身于朝那萧关之役，不但为汉朝组织反击匈奴赢
得了时间，而且为汉朝的边郡将士做出了榜样。汉文帝有功必
赏，封孙卬之子孙单为瓶侯。在汉文帝封侯的28家中，瓶侯
是唯一以当时军功受封的功臣之子。

　　汉武帝继位后，加紧了移民步伐，扩大了移民规模。元朔
二年（前127），募民徙朔方10万余口。元狩四年（前119），
又将关中贫民移徙陇西、北地等地72.5万人。次年，从北地
郡分设安定郡，统管移民开发。

　　公元前127年，汉武帝命卫青、李青出兵陇西，击败楼
烦、白羊，收复河南地，重筑朔方城郭，修复秦蒙恬时所筑堡
塞。公元前121年，汉兵复出北地，过居延（张掖境）、小月
氏，西到祁连山，匈奴浑邪王投降。汉武帝取得抗击匈奴的胜
利，不仅实现了边疆和平，而且占据了水草丰茂的西北草场，
夺得良马种畜，促进了畜牧业的发展。"长城以南，滨塞之
郡，马牛放纵。天水、陇西、北地、上郡、畜牧为天下饶。"

　　为了巩固边防，向匈奴显示大汉王朝的强盛，自公元前

112 年至公元前 88 年的 25 年中，汉武帝曾六次出萧关，巡视
边塞。元鼎五年（前 112）十月，汉武帝第一次出巡，随从人
马数万骑，文武大臣随驾，登临崆峒山后，北出萧关，到达安
定郡，又北上，进入河套"新秦中"。汉武帝看到这一带"千
里无亭徼"，防务松弛，怒不可遏，便下令杀了北地郡太守及
其下属官员。这次诛杀，令朝野震动，各地郡县都加强了辖区
的防务。元封四年（前 107）十月，汉武帝下令修通了回中
道，汉武帝沿此道，循清水河谷大道，过安定、北地，又向东
北巡视到河南乃县（今河北省涞水县北）返回。

太初元年（前 104）八月、太始四年（前 93）十二月、
征和三年（前 90）正月、后元元年（前 88）正月，汉武帝又
先后 4 次北出萧关，巡视了安定郡和北地郡，每次都驻跸高
平。征和三年（前 90），汉武帝还在高平接见了西胡月支国的
使节，接受了他们进献的珍兽和礼品。

5　光武两度伐隗嚣

西汉后期，土地兼并加剧，剥削加重，地方官吏乘机强抢
豪夺，暴敛聚财。安定郡处于不安定的状态。安定郡郡治高平
（今固原）以南有隗嚣割据势力。王莽地皇四年（23）二月，
隗嚣聘请平陵人方望为军师，打出"允承天道，兴辅刘宗"
的旗号，编练军队，传檄四方，讨伐王莽，不久即聚兵 10 万，
向东进军，攻取安定郡。安定大尹（郡守）王莽之侄王向拒
绝投降，隗嚣攻克安定城，杀死王向，安定人民纷纷外逃，躲

避兵乱。隗嚣乘机挥兵攻占陇西、武都，并以天水为中心，建立起势力强大的割据政权。建武二年（26）正月，汉光武帝刘秀派遣大司徒邓禹，率兵攻击冯愔。陇右的隗嚣为了减轻刘秀部对自己的压力，亲自率兵阻击冯愔，在高平将其打败，并缴获全部辎重。邓禹申报朝廷，汉光武帝命隗嚣为西州大将军。建武六年（30），隗嚣反汉。汉光武帝遣虎牙大将军盖延与隗嚣战于陇坻（今六盘山），盖延战败。隗嚣乘胜派王元、行巡向东追击，在旬邑被汉将冯异所败。冯异乘胜向西追击，北地诸豪长耿定等叛隗嚣投降冯异。冯异进军义渠，被封为北地郡太守。冯异又乘胜击败卢芳将贾览，安定、北地、上郡等地投降，冯异兼领安定太守，汉光武帝下令安定、北地诸郡与隗嚣有牵连者，除犯有殊死罪者外，一律赦免。

隗嚣谋反受挫，又投靠割据巴蜀的公孙述。建武七年（31），公孙述封隗嚣为宁朔王。隗嚣领步骑 3 万余人攻占安定，并派其部将，安定人高峻领率万余人据守高平第一城（今固原）。建武八年（32）春，汉光武帝为了荡平割据陇右的隗嚣势力，派中郎将来歙和祭遵领兵 2 万余人攻隗嚣。隗嚣扼守陇山交通要道，使王元守陇坻，巡行控扼番须口；派大将牛邯据守瓦亭（今固原市南瓦亭）；派大将王孟扼守泾河源（今泾源县泾河源地）的谷道。隗嚣亲自率精锐数万进围略阳。闰四月，汉光武帝决定亲自征伐隗嚣，任命熟悉北地地形的马援参议军事，并命马援招降了坚守高平第一城的高峻，进占高平第一城，封高峻为道路将军、关内侯。这时，凉州牧窦融也率领河西走廊五郡太守及羌虏、小月氏等步骑数万，携带辎重车 5000 多辆，取道甘肃省景泰县东渡黄河，经海原县抵达高平，与刘秀会师，合击隗嚣军。诸路汉军会合后，即分数路进攻，由北向南，直逼天水，迫使隗嚣的瓦亭守将牛邯归降，汉军遂即占领瓦亭，略阳门户洞开。隗嚣 10 余万众看大势已去，不得不投降，隗嚣仅率妻儿奔逃西城（今天水市西南）。建武八年（32）十月，公孙述派兵救援隗嚣，隗嚣军队又重新振作起来，高峻复叛汉，重占高平。安定、北地、天水等地复为隗嚣所占。建武九年（33）春，隗嚣死。隗嚣部将王元、周宗立隗嚣之子隗纯为王，屯兵冀县、清水、略阳等地。此时，高峻自立山头，聚兵万余于高平。同年八月，刘秀再次遣军西进，汉将耿弇和来歙分兵攻取安定、北地诸营堡。高峻坚守高平第一城，武威太守梁统围攻。不久，来歙等大破隗纯于洛门（今甘肃省天水市境内）。隗纯部将王元奔蜀，隗纯与周宗同时投降汉军。寇恂奉汉光武帝命令，到高平招降高峻。高峻派军师皇甫文出见，寇恂杀皇甫文，高峻惊慌，投降汉光武帝。汉光武帝平定隗纯，固原地区的割据局面暂告结束。

在征讨隗嚣的战斗中，安定人梁统因功被封为成仪侯。

梁统（生卒年不详），字仲宁，安定郡乌氏县（今宁夏固原市境内）人。先祖梁益耳是春秋时晋国大夫。高祖梁子都于西汉间迁居安定。王莽篡权后，梁统在家乡任地方小官。淮阳王刘玄在长安（今陕西西安）继位，梁统归顺刘玄，于更始二年（24）被封为中郎将，任酒泉（今甘肃酒泉）太守。赤眉军攻进长安，推翻更始政权。梁统与窦融及河西五郡太守共同举兵宣布"保境"，梁统自任武威（今甘肃武威）太守。

建武五年（29），河西各郡地方长官推派代表去京城洛阳"诣厥奉贡"，表示拥护汉光武帝。梁统被封为宣德将军。天水隗嚣叛汉，与四川割据政权刘表结伙发难。梁统率部跟随汉光武帝征讨，打败隗嚣后被封为成仪侯，回任河西。建武十二年（36），梁统调京城，改封高山侯，任太中大夫。

6　羌族三次举义旗

东汉中期以后，剥削加重，徙居西北的羌人，被官吏豪强奴役，积怨很深。公元102年，居住在安定郡的羌民数百人聚集起事，被安定郡派兵镇压，羌民中的老弱沦为奴隶。此后，羌民连续发动三次大起义，延续将近60年。

汉安帝永初元年（107）夏，汉安帝派骑都尉王弘等征伐西域，羌族骑兵随汉军出征西域，羌民惊恐，麻奴兄弟与其部族逃出安定（今固原），联络羌族诸部，以竹竿、木棍、菜刀为武器进行反抗。诸羌民几万人，"东犯赵魏，南入益州"，威震三辅。永初五年（111），朝廷下令将安定郡百姓徙至美阳（今陕西扶风东）。安定郡的百姓留恋故土，不愿迁徙，官吏以毁坏百姓庄稼、拆毁房屋等手段强令他们搬迁，在迁徙过程中激起民愤，汉阳人杜琦、杜季贡兄弟与同郡人王信等率众起义，并与羌人联合，攻下上邽城（今甘肃天水西）。东汉朝廷用骑兵作战，采用收买、暗杀等手段镇压起义军，杜琦被暗杀，王信战死，杜季贡投奔富平（今吴忠市境）滇零。永初六年（112），滇零病死，其子零昌继承"天子"称号，以同部人狼莫为军师，以杜季贡为将军，率羌汉百姓在丁奚城附近垦殖边荒，从事耕稼。永初七年（113）夏，汉骑都尉马贤与护羌校尉侯霸掩击在安定郡的零昌别部牢羌，牢羌失利，战死千余人，丧失牲畜2万余头。元初三年（116），东汉集中主要兵力围攻北地郡。第二年，羌人接连失利，零昌政权的首领只剩狼莫一人，狼莫率领部众徙往北地郡及安定郡界内（今宁夏吴忠至固原一带）。同年冬十二月，任尚和马贤共击狼莫于北地郡和安定郡。任尚的军队开到高平，向南进攻，与马贤合兵，狼莫北撤到北地。元初五年（118），狼莫被刺杀，零昌政权宣告瓦解。

顺帝永和四年（139），冻羌、傅难羌联合塞外羌人举兵起事，东汉派马贤为征西将军，率左右御林军及五校劲卒入陇，联合西部诸郡共10万大军，分别屯扎军事要地，伺机攻击羌人。永和六年（141）初，东汉朝廷令马贤出击。五月，羌民起义军进围安定，安定太守郭璜兵败，羌民又进攻北地郡，与马贤战于射姑山，杀死马贤及其二子。于是，北地、安定的东羌与金城、陇西的西羌在北地郡会师，然后又分兵三路，使整个凉州和三辅都受到了威胁。东汉朝廷一面增加军队据守三辅，一面加紧对起义军进行分化、招降。顺帝汉安元年（142），朝廷以赵充为护羌校尉镇压起义羌民，由于羌人缺乏统一指挥，未能协同作战，加之朝廷的分化，致使第二次羌民起义失败。

汉桓帝延熹二年（159），烧当、烧何、勒姐等部羌人联合起来，进攻陇西、金城等郡，波及安定、北地郡。东汉朝廷起用安定郡朝那人皇甫规及张奂、段颎等人领兵镇压。皇甫规击败零吾羌后，惩办了欺压羌人的安定太守孙隽、属国都尉李翕、督军张禀等地方官员，招降了先零诸羌部众10余万人。汉灵帝建宁元年（168），汉护羌校尉段颎领兵万余人征伐安定郡起义的先零羌。段颎率军从彭阳直指高平，先零羌迎击于逢义山口（今固原市须弥山）。羌人不支，向东北退却。段颎遣司马田晏、司马夏育分别统兵由东向西夹击羌人，追至汉阳山谷中。建宁二年（169）七月，段颎遣部将司马田晏、司马夏育领兵5000人进驻羌民屯居地瓦亭山（今固原南）扎营，诱羌人进攻，羌民大败，死1.9万人。段颎招降散羌4000人分别安置到安定、汉阳、陇西三郡。羌民第三次起义失败。

在汉羌战争中，安定（今固原）人皇甫规被封为度辽将军。

皇甫规，字威明，安定郡朝那县（今彭阳古城）人。祖父皇甫陵曾任度辽将军，父亲皇甫旗为扶风都尉。皇甫规与张奂（字然明）、段颎（字纪明）并称"西州三明"。皇甫规历任功曹、中郎将、度辽将军、尚书等职。

东汉时期，羌族起义，当时还是老百姓的皇甫规上书朝廷，建议对羌族剿抚兼施。永和六年（141），安定郡郡守深知皇甫规有谋略，任命其为功曹（郡守佐吏），率勇士800人，与羌人交战，皇甫规斩首数级，羌人遂退，郡守再次推荐皇甫规为上计掾（主管文书、统计）。汉顺帝死后，梁太后临朝执政，朝廷"举贤良方正"，皇甫规在"对策"中，揭露朝廷黑暗，矛头直接指向梁冀，虽被录取，却只被任命为一个郎中小官。公元144年，皇甫规假称有病，回归故土。

延熹二年（159），皇甫规被朝廷重新起用，任太山（今山东泰安）太守。

延熹四年（161）冬，羌人攻占了并（今山西太原）、凉（今甘肃张家川）二州之后，一直打到了京畿地区，汉朝廷十分惊恐，三公门一致推举皇甫规担任中郎将，持节监管西凉兵马，指挥讨伐羌人的战斗。皇甫规采取招抚的方式，羌人也十分仰慕皇甫规，投降者10余万人。次年，皇甫规受命讨伐陇右，羌人投降，道路通畅。皇甫规到凉州后对贪官污吏加以惩处。羌人听到这个消息后，倒戈向善，投降朝廷，包括沈氏大豪滇昌等"十余万口，复诣规降"。延熹五年（162），宦官和官僚相勾结，陷害皇甫规，朝廷解除了皇甫规的兵权，将他降为议郎（受中郎将、左右中郎将管辖）。延熹九年（166），南匈奴与乌桓、鲜卑侵掠边防，朝廷提升皇甫规为度辽将军，防守边境。次年，皇甫规因功升任尚书，一到任就上书要为党锢之祸株连的人平反昭雪，汉桓帝不接受他的意见，并把他调出京城，先任弘农（今河南灵宝）太守，又改任护羌校尉。熹平三年（174），皇甫规病逝于谷城（今山东平阴东阿）。皇甫规生前曾被封为寿成亭侯。

7　赫连勃勃建大夏

赫连勃勃是匈奴右贤王的子孙，其父刘卫辰曾归附前秦，公元 391 年，刘卫辰遣子直力鞮率众攻北魏，在木根山（今内蒙古五原河西）被擒，刘卫辰被部下所杀，其子赫连勃勃辗转投奔于后秦，被高平公没奕干收留，并将女许配给赫连勃勃为妻，使其辅助没奕干镇守高平。不久，赫连勃勃又晋封为持节安北将军、五原公，管鲜卑等族 2 万余户。

东晋义熙二年（406），赫连勃勃率其众 3 万余骑，伪猎于高平川，袭杀了没奕干，并收其部众。赫连勃勃还乘河西鲜卑杜仑向后秦献马路经高平之机，将 8000 余匹马截留，其众 3 万余人徙置高平川。义熙三年（407）六月，赫连勃勃在高平拥兵自立，自称大夏天王、大单于，建元龙升元年，设置百官。夏国的四境"南界秦岭，东戎蒲津，西收秦陇，北薄于河"，固原全境属夏国的版图。同年十月，赫连勃勃又出兵吞并鲜卑薛干等部数万人。当时，赫连勃勃部下劝他在地势险固、山川沃饶的高平定都，他不从，认为："吾大业草创，众旅未多，姚兴亦一时之雄，关中未可图也。且其诸镇用命，我若专固一城，彼必并力于我，众非其敌，亡可立待。吾以云骑风驰，出其不意，救前则击其后，救后则击其前，使彼疲于奔命，我则游食自若。不及十年，岭北、河东尽我有也"。自此以后，赫连勃勃用流动袭击的办法，与姚秦多年攻战于秦、陇之间。

公元 409 年，岭北各部族归附于大夏。赫连勃勃乘胜犯后秦平凉，屯军依力川（今甘肃平凉东南），拔后秦敕奇堡（今甘肃平凉西北），接着又拔我罗城（今甘肃罗城），俘掠 7000 余家于大城。义熙十三年（417）九月，东晋灭后秦，赫连勃勃乘机夺取长安。次年，赫连勃勃在长安即皇帝位。遂命太子赫连瑰镇守长安，少子赫连伦镇守高平。大夏真兴六年（424）十二月，赫连勃勃欲废太子赫连瑰而立少子赫连伦。赫连瑰闻之，领兵7万余人北攻赫连伦，伦与瑰战于高平，伦败死。伦兄赫连昌领兵1万袭赫连瑰，瑰兵败被杀，赫连昌收其众8.5万余人，赫连勃勃只得立赫连昌为太子。第二年八月，赫连勃勃死，赫连昌继为大夏国主。

大夏承光三年（427）元月，北魏司徒长孙翰率8000骑兵追杀夏主赫连昌至高平，不及而还。同年九月，高平城民以夏溃败而举城降魏。次年二月，赫连昌退屯平凉。魏将安颉、丘堆等屯兵安定，擒获赫连昌。赫连昌余众推举赫连定为王。公元430年，魏帝亲领大军讨伐赫连定，次年大夏灭亡，高平归属北魏。北魏置高平镇。正光五年（524），高平镇改为原州。

8　关陇集团三豪杰

自北魏孝明帝正光五年（524）始置原州，至宋至道三年（997）置镇戎军，原州名存473年。

原州，是宇文泰关陇统治集团形成过程中的重要区域，也是其统一关陇期间退却可凭借的地方。西魏、北周政治与军事力量的核心是关陇集团。田弘、李贤、蔡祐"原州三杰"是宇文泰关陇集团形成过程中重要的战将和智囊。

李贤，西魏、北周大臣，字贤和。西汉骑都尉将军李陵的后代。当年李陵被匈奴俘虏之后，全家便生活在北方少数民族境内，直到北方拓跋部所建北魏政权南迁，李氏才随同南下，返回故里。李贤曾祖父李富、祖父李斌、父亲李文保曾在陇西老家和高平（今宁夏固原）等地任地方官。李贤就出生在高平城。

北魏正光五年（524）四月，高平镇敕勒族长胡琛发动高平起义，占据原州城。武泰元年（528），北魏派骠骑大将军雍州刺史尔朱天光进军高平镇。当时万俟丑奴正围攻岐州（今陕西凤翔境内），只留下万俟道洛等据守大本营原州。尔朱天光秘密派人前往原州联络李贤，要他在城内想办法配合官兵做内应。李贤使用调虎离山之计，把盘踞在原州城内的万俟道洛部众6000人引诱出城，使尔朱天光的部队顺利占据了原州。尔朱天光任命都督长孙邪利镇守原州，任命李贤为主簿。万俟丑奴的余部达符显反攻原州，李贤又冒死出城，向尔朱天光求援，解救了原州。原州解围后，李贤被授为威烈将军、殿中将军、高平公。北魏永熙三年（534），大将军宇文泰西征进驻原州，任命李贤为都督，全权镇守原州。同年七月，西魏政权诞生后，宇文泰控制西魏朝政，升李贤为都督、安东将军，封上邦县公，继续镇守原州。

西魏大统二年（536），李贤升任原州刺史。大统十二年（546）以后，李贤先后从征凉州，打败茹茹（柔然），抚慰河西五郡，屡建功勋，被封为车骑大将军、开府仪同三司。

李贤在帮助两魏政权镇压民族起义军胡琛、万俟丑奴期间，曾与北周政权的奠基人、时任北魏大将军的宇文泰建立了深厚友谊，宇文泰凡到原州，必在李贤家中饮宴终日，二人不分上下级，情同手足。宇文泰甚至把自己两个儿子寄养在李贤家中，交由李贤的妻子吴晖照管多年。其中一个儿子就是后来的北周皇帝宇文邕，另一个是北周齐王宇文宪。宇文邕登上皇帝位之后，曾于保定三年（563）七月至九月西巡原州，特意探望李家。把李贤当作北周的皇亲国戚看待，授予重权，李贤曾担任特使持节河州总管、洮州总管、统领三州七军诸军事、河州刺史、洮州刺史等要职。

北周天和四年（569）三月，李贤在京师长安病故。周武帝宇文邕亲往吊唁，悲恸之情、哀痛之声，使左右闻者都流下眼泪。同年，李贤归葬原州。为追念李贤一生的功绩，北周朝廷追任李贤为使持节，柱国大将军、大都督，泾、原、秦等十州诸军事，原州刺史，谥"桓"。亡妻吴晖生前曾被赐为皇族姓氏宇文氏，并被认作朝廷宗室侄女，追封为长城郡君。

李贤有两个弟弟，大弟李远，西魏、北魏、北周大臣，官至柱国大将军，被封阳平郡公；二弟李穆，西魏、北周、隋三朝元老，官至西魏、北周骠骑大将军，前后被封武安郡公、申国公，隋朝建立后，被杨坚视为开国功臣，特封为太师。

李贤有五子：长子李瑞、次子李吉、三子李崇、四子李孝轨、五子李询（亦书李回方、李元方），均官至刺史、大将军等要职，人人封侯、封公，荣极当朝。李崇有子名李敏，隋炀帝改封李敏为经城县公（为避杨广之讳）。李敏历任幽、金、岐等州刺史和屯卫将军、光禄大夫，加柱国显位。

田弘，高平人，史称其膂力过人，勇敢且有谋略。北魏尔朱天光战万俟丑奴时，田弘自原州投奔尔朱天光，授都督。因其迎孝武帝入长安有功，晋爵高位，赐以铁甲。田弘随宇文泰收复弘农、沙苑，解洛阳围，破河桥镇，被赐姓纥干氏，授原州刺史。公元574年，田弘出任总管襄、鄀、昌、丰、唐、蔡六州诸军事，襄州刺史。

　　蔡祐，祖籍陈留，祖父居原州，跟随宇文泰数十年，情同父子。在与东魏高欢的沙苑、河桥、邙山等战役中，其多为先锋，后被赐姓大利稽氏，镇原州，开府仪同三司。

　　公元581年，杨坚代北周建立隋朝，关陇贵族尉迟迥起兵反对，附近20州响应。原州世胄李穆派子李浑献熨斗给杨坚，表示愿意执柄熨安天下，帮助杨坚巩固政权。

9　突厥吐蕃扰原州

　　隋开皇元年（581），突厥南下惊扰，隋文帝新立，十分忧虑，四月修筑长城，屯兵北境，以崔弘度为行军总督，领兵出原州抗击突厥，突厥北退。开皇二年（582）六月，以卫王杨爽为原州总管，又以河间王杨弘、上柱国豆卢绩为元帅，分道领兵出击突厥，时杨洸统兵由原州道出击，与突厥相遇，大获全胜。同年十二月，突厥兵从木峡关、石门关（须弥山口）两路进攻，翻越六盘山，至武威、天水、安定、金城、上郡、弘化、延安等地，东西千里，六畜皆尽。从此以后，突厥对隋朝边境的骚扰更加频繁。因此，隋设两道防线御敌。第一道防线以燕山山脉、阴山山脉、贺兰山山脉及宁夏大漠为屏障；第二道防线为幽州、马邑、绥州、平凉、武威、金城、天水一线。

开皇三年（583），隋文帝采取强硬措施，令卫王杨爽等为行军元帅，分八路出塞攻击突厥军，首先击溃沙钵略部。同年四月，又命河间王杨弘率大将赵仲卿、庞晃等领兵自平凉郡出灵州道与突厥军相遇，两军大战，杨弘斩首千余级。同年八月，尚书、左仆射高颍引兵出击宁州道（今甘肃宁县），内史监虞庆则出原州道以行军总帅领兵，分路进击突厥军。开皇五年（585）七月，沙钵略部受到西突厥和契丹的两面围攻，与隋讲和。东突厥启民可汗去世以后，其子始毕可汗势力不断壮大，对隋重新构成威胁，曾围攻隋炀帝于雁门。隋末天下大乱，突厥势力借机强盛。

唐高祖李渊在太原起兵以后，即派大将军府司马刘文静出使突厥，甚至不惜称臣以讨好突厥。始毕可汗也赠马千匹，并遣骑兵2000助唐军攻占长安，突厥因此而自恃有功于唐，非常骄横，李渊也思中原未定，无暇顾及。薛举起兵后，即派其副将宗罗侯攻陷平凉郡，北与突厥颉利可汗联络。李渊十分不安，遣宇文歆以重金、帛匹贿赂颉利可汗，突厥遂与薛举绝交，又一次帮助了李渊。但灵州、原二州成了突厥经常扰掠的对象。

武德四年（621）九月，突厥首领颉利可汗领兵万余劫掠原州，被行军总督尉迟敬德等领兵击退。次年六月，颉利领5万余骑分数路攻掠原州。武德六年（623）六月，颉利派兵进攻原州，并攻陷原州善和镇（今甘肃省镇原县西南）。武德七年（624）三月、七月、八月，突厥先后三次扰掠原州，并从原州南下，大有进犯长安之势，京城震动。唐王朝不得不从战略防御转向战略出击。武德八年（625）六月，唐高祖李渊令燕郡王李艺领兵屯弹筝峡（今固原南三关口地）和华亭，以堵陇道，防突厥从原州南下。贞观四年（630）二月，唐军大败突厥颉利，同年三月，颉利被俘，其部投降唐者10余万。唐王朝为妥善处理民族关系，安置降服部落，将突厥内附各部安置在西起灵州、东至幽州的沿长城一线的广大地区，并设州都督府进行管理。贞观六年（632），平高县他楼城置缘州（今固原北），安置突厥降户。降附唐朝的突厥首领，多数被任命为将领。

突厥内迁后经济生活稳定，各族友好相处，但突厥奴隶主贵族仍然企图恢复突厥的奴隶制政权。永隆二年（681），突厥贵族阿史德温傅叛乱，迎颉利族子伏念于夏州，立为可汗，突厥诸部纷纷响应，并攻掠原州等地。天授二年（691），默啜被立为可汗，集结数万人，多次攻掠唐朝内地。久视元年（700）七月，唐以魏元忠为萧关道行营总管，防御突厥。神龙二年（706），突厥又进掠原州，掳掠陇右牧马万余匹而去，突厥的扰掠直到开元十年（722），唐军在六盘山大败突厥后方稍止。

唐朝的另一外患为吐蕃。唐代宗广明元年，吐蕃攻陷唐都长安，于是陇山（今六盘山）、贺兰山以西，泾州（今甘肃泾川）以北，皆陷于吐蕃。

大历六年（771），吐蕃攻陷青石岭（今固原南青石嘴），屯兵朝那（今彭阳县古城乡治）。大历八年（773），郭子仪派浑瑊领兵驻朝那。大历十一年（776），吐蕃攻占石门道，入长泽川（今固原北）。大历十三年（778），吐蕃8万余人屯集于长泽牧监，占领了唐在原州的监牧地。

唐德宗对付不了吐蕃，只好讲和，承认吐蕃在河西、陇右的既得利益和地位，实际是将大片土地割让给吐蕃，以求得暂时的安定。建中四年（783）一月，陇右节度使张镒和吐蕃相尚结赞在清水正式签订了盟约，将原州划给了吐蕃。盟约规定："泾州西至弹筝峡西口，陇州西至清水县，凤州西至同谷县，暨剑南西山大渡河东，为汉界。蕃国守镇在兰、渭、原、会，西至临洮，东至成州，抵剑南西界磨些诸蕃，大渡水西南，为蕃界。"又规定"盟文有所不载者，蕃有兵马处蕃守，汉有兵马处汉守，并依见守，不得侵越"。但这对吐蕃只是一纸空文。贞元二年（786），吐蕃越界分别扰掠泾、陇、邠、宁等州，唐朝将领不得不奋起反击。同年十月，凤翔节度使李晟，派蕃落使野诗良辅、王泌等领步骑5000人攻袭吐蕃于摧沙堡（今原州海子峡口），焚其储积，斩其酋长扈屈律设赞等7人，传首京师。此后吐蕃又数次派遣使者，请求重新缔结盟约。贞元三年（787）五月，唐以侍中浑瑊为会盟使，兵部尚书崔汉衡为副使，与尚结赞会盟于平凉。吐蕃竟违反盟坛附近不得布列重兵的协议，列精骑数万于盟坛之西，并突然袭击会所，唐会盟副使崔汉衡及60余名官员被吐蕃擒拿，浑瑊狼狈逃遁，唐军死者数以千计。吐蕃相尚结赞等还至故原州。后尚结赞率其众于石门，遣中官将文珍、浑瑊将马宁、马燧将马弇归于唐。贞元三年（787）九月，吐蕃攻陷泾州之连云堡，驱赶人口及牛畜送至弹筝峡。这年十月，吐蕃修复故原州城，并驻以重兵。次年，吐蕃以原州为据点，四处掳掠。

元和二年（807）以后，吐蕃内部矛盾日渐尖锐，唐军乘机出兵攻击吐蕃。元和十三年（818）十月，平凉镇遏使郝玼破吐蕃2万余人于原州，收复故原州城，获羊马无数，郝玼旋又退出原州，原州重被吐蕃占据。到大中三年（849），吐蕃内乱，原州和石门、木峡八关的军民乘机起义，吐蕃迫于内外形势，将原州、秦州、安乐州及石门、木峡、六盘、制胜、驿藏、木崝、石峡、萧关八关归还唐朝。同年六月，泾原节度使康季荣接管原州和八关，得人畜数万。七月，三州八关军民数千人至长安，接受唐宣宗的召见，军民换去蕃服，重着汉装，唐宣宗赐冠带15万匹，军民"莫不欢呼忭舞，更相解辫"。唐宣宗又令三州八关百姓垦耕该处土地，5年免租免税，军卒有能耕者，官府免费供给耕牛、籽种予以特别优待。朝廷向守卫八关的士兵加倍赐予军衣、军粮，后将原州从临泾城迁回故原州。唐末黄巢起义，广明年间（880～881）吐蕃乘机入侵，原州复为吐蕃所占，原州又移治临泾，从此久治临泾。

10 宋夏对阵数十秋

宋明道元年（1032），元昊承袭父业，外倚契丹，内申号令，以兵法勒令诸部，模仿宋制，在政治、军事、文化等方面进行改革。景祐元年（1034），元昊在环、庆两州打败宋军，

次年又打败吐蕃，进攻回鹘，占领瓜、沙、肃三州。宝元元年
（1038）十月立国称帝。西夏长期备战，而北宋统治者却把主
要精力用于防止内变和农民起义上。"召饰太平以夸骄虏，臣
立异同以争口舌，将畏猜嫌而思屏息，兵从放散而耻行枚。"
东起横山，西亘环州、原州、巩州至临洮一线，仅以永兴、凤
翔、秦州作为策源地，陇山为藩篱，建筑堡寨构成防御线。在
长达两千里的战线上，北宋驻兵 20 万，只守边壕，"夏兵来则
御之，去则释之"。

宝元元年（1038），夏进攻延川，围城 7 天，天下大雨，
夏人解围而去。元昊虽然解了延川之围，但对塞门、安远等寨
继续围攻，这些地方相继陷落。范仲淹至延川，改变总管领万
人，钤辖领 5000 人，都监领 3000 人，寇来官卑者先出或一窝
蜂出的惯例，检阅士兵，挑选了 18000 人。夏元昊以范仲淹能
用兵，于同年九月转攻三川寨（今原州彭堡镇隔城子古城）。
镇戎军西路都巡检杨保吉战亡，次日，泾原路都监刘继宗、李
纬、王秉分兵迎敌，皆失利。元昊乘胜又进攻狮子堡（今西
吉县白崖乡）、定川堡（今原州区中河乡）。宋三班殿职郭纶
固守定川，元昊又转攻刘番堡（今固原市境内），宋军守将指
挥王遇、都虞侯刘用战败投降，刘番堡被劫掠一空。元昊又连
破乾河、乾沟、赵福三堡，集中兵力包围镇戎军城。宋泾州驻
泊都监王珪率 3000 骑兵来援，从瓦亭寨（今原州南）至狮子
堡，被夏军重重包围。王珪率军奋力突围，"获首级甚多"，
所骑之马被射中，只好退兵，夏军此时侦知泾原钤辖郭志高已
率大军向三川寨而来，便撤兵而去。

三川寨之战宋军失利后，朝廷派翰林学士晁宗悫等至永兴议进讨之策。有主战者，有言和者，众人议论不一。夏竦等以攻守二策，派遣陕西经略安抚副使韩琦、判官尹洙赴京，求决于宋仁宗。宋仁宗与两府共同商议，决定取攻势，诏令开封府、京东西及河东路"括民驴五万，以备军资补给运输，诚以次年正月为出兵之期。范仲淹上言请俟春暖出师，以鄜延路二月半合兵万人，牵制元昊东界军马，环庆泾原之师俱出。诏从"。庆历元年（1041）正月，元昊侦知范仲淹不同意韩琦等人的攻策，而朝廷又举棋不定，便一面使人乞和以疏懈宋兵，巩固其不战之心，一面积极备战。范仲淹知其不肯归顺，不敢奏闻，便自修书于元昊，晓之以利害。同年二月，"夏竦复奏由泾原、鄜延两路进攻。朝廷以夏奏示范仲淹"。正当宋进兵之议未决之际，元昊统兵倾国出动。夏兵一路沿三川、怀远城，经张家堡南下，沿好水川（今隆德县好水乡）至羊牧隆城。元昊自率 10 万精兵，由天都山南行，设伏于好水川口。

宋闻夏兵逼进怀远城，韩琦急调镇戎军及泾原路的守军约 3 万人，命行营总管任福为统帅，耿傅为参军事，泾原路驻泊都监桑怿为先锋，钤辖朱观、都监武英、泾州都监王珪，各以所部随从任福调度。韩琦告诫任福"兵自怀远城趋得胜寨，至羊牧隆城，出敌后"，"待其归，邀击之"，并移檄申约："苟违节度，虽有功，亦斩"。

庆历元年（1041）二月十二日夜，任福兵驻三川寨，次日任福领轻骑数千在捺龙川会合镇戎军巡检常鼎、刘肃，与西夏兵在张家堡相遇。任福斩夏兵数百，夏兵弃马、羊、驼佯装败退。桑怿引骑兵追赶，任福掩兵随后。侦探传报前方敌兵很少，任福以为容易取胜，武英则以为前面必有埋伏，任福等不听，领兵前进。薄暮时，任福背弃韩琦所定行军路线，兵分两路，命桑怿为一军屯兵好水川，武英、朱观为一军屯兵笼洛川（今隆德县观堡乡），约定第二天在川口会兵。

次日，任福与桑怿沿着好水川西进。桑怿为先锋，见道旁有银泥盒，封裹严密，里面有动跃声，桑怿疑其有诈，不敢打开。任福至，打开银泥盒，悬哨鸽数百只自盒中飞出，盘旋而上。于是，夏兵举黄旗而伏兵起，举赤旗而士兵进攻，宋兵仓促应战。任福列陈未成，夏兵纵铁骑冲突。酣战至午时，夏阵中树起鲍老旗，挥右，则右边伏兵出；挥左，则左边伏兵起，双向夹攻。宋兵欲据山险，山上伏兵下击，宋兵大败。桑怿、刘啸及任福之子任怀亮全部战死。夏兵分兵截断宋军的退路，任福奋力死战，身中十余箭仍然挥四刃铁简决斗，后因颊中枪而死。

任福兵败，夏军合兵攻击朱观、武英。王珪以羊牧隆城兵4500人助战，渭州驻泊都监赵津率瓦亭骑兵3000人为后继。夏阵坚不可破。王珪杀死宋军不进者数人，入阵为战，杀数百人，以铁鞭击杀敌将，后目中飞箭而亡。武英重伤，矢尽被杀。耿傅、赵津皆战死。战斗自午时至申时，夏兵愈战愈多，宋兵大败。内殿崇班訾、西头供奉官王庆、侍禁李简、都监李禹亭、刘钧均死于阵。唯有朱观在姚家堡被王仲宝解救，冲出包围。

好水川之战，宋阵亡任福以下将佐数十名，士卒战死

10300 人。消息传来，"关右震动，仁宗为之旰食"。

庆历二年（1042）九月，元昊进攻宋镇戎军。闰九月初一，知渭州王沿命泾原路副都部署葛怀敏领兵，督各寨人马抵御。九月初九日，葛怀敏至瓦亭寨，派遣寨都监许思纯、环庆都监刘贺领番兵 5000 为左翼，天圣寨张贵殿后。九月十八日，葛怀敏屯兵王谷口（瓦亭北）。知镇戎军曹英，泾原路都监赵珣，西路都巡检李良臣、孟渊皆自山外领兵来会。葛怀敏命沿边都巡检使向进、刘湛为先锋，赵瑜领骑兵为援。大军驻安边寨（今开城镇），粮秣未曾齐备，葛怀敏即离开大军，夜至开远堡（今固原西南 40 里）北一里宿营。九月二十二日，葛怀敏派百骑前导，自领兵从镇戎军西南进发。走马承受赵政以为距敌已近，不可轻近，葛怀敏稍止，晚趋养马城（今固原牧监）。此时，曹英及泾原都监李知知、王保、王文，镇戎都监李兵，西部都巡使赵璘等分兵屯镇戎军西六里，夜间入城自守。经过 3 天，他们也到养马城见葛怀敏。此时听说元昊移兵新壕外，他们商议黎明前袭击。赵珣给葛怀敏进言："敌人远来，利速战速决，宜在马拦城布设栅栏，扼敌退路，固守镇戎，保护粮道，等待元昊势衰时进攻，可获全胜。"葛怀敏不听，命诸将分四路赴定州寨（今固原西南），刘湛、向进出西水口，赵珣出莲花堡，曹英、李知知出刘璠堡，葛怀敏出定西堡。九月二十一日，刘湛、向进军抵赵福堡，被元昊兵围困，败退向家峡。赵珣、曹英、李良臣、孟渊等正向定川进发，接到葛怀敏援救赵福堡的命令。这时探马报元昊兵驻边壕上，葛怀敏又命令赵珣等向定川进发。正在此时，李知知麾下蕃部来报，敌5000人列阵定川寨北。不一会儿，王文、李知知与定川寨主郭纶又报敌已拔寨越过壕沟，葛怀敏命赵珣与其子葛宗晟先行。将近中午，葛怀敏入守定川寨，敌拆毁板桥，断其退路，围攻葛怀敏，又切断定川上游水路。葛怀敏为中军，守寨门偏东，曹英守寨东北角。敌四面包围，先以精锐兵冲中军，中军不动，又回冲曹英，曹英面部中流矢，跌倒城壕中，葛怀敏看见，惊骇奔走，为乱兵所拥几死于阵中，好久才苏醒过来，遂挑选士卒据守门桥，挥刀拒敌，赵珣等领刀斧手格斗。此时骑兵从四面拥来，元昊兵稍退，但宋兵已无斗志。当天晚上，夏兵集中兵力强攻城四角，天亮前，葛怀敏召集诸将计议，想不出什么办法，于是结阵突围，赵珣请往笼竿城，没有人愿意跟随。天明，宋兵奔驰到寨东南二里，壕桥已断，葛怀敏等16将皆被杀，军士9400余人、马600余匹，全为夏人所俘虏，葛怀敏之子葛宗晟与郭京等退保定川，元昊挥兵至渭州。范仲淹自领蕃汉兵前来援助，元昊引兵退回。

自刘平败于延川，任福败于好水川，葛怀敏败于定川，宋军更加衰弱，夏军声威大震，然而元昊并不深入内地，因为宋军在鄜延路屯兵6.8万人，环庆路屯兵5万人，秦凤路屯兵3.7万人，其势大受牵制。

11 宋金争夺德顺州

1115年正月，生活在黑龙江流域的女真族完颜旻称帝，国号大金。

金太宗天会二年（1124），西夏乾顺向金国称臣，向东攻掠朔、丰、麟等州，西取泾原路西安州和怀德军，并进攻兰州等地。夏正德元年（1127）二月，北宋灭亡，同年南宋建立，形成西夏、金和南宋三国鼎立的局面。

金天会五年（1127）十二月，金在南宋立国后第一次兴兵南下。右副元帅宗辅军攻下渭州后，打败宋经略使刘倪，驻军于瓦亭（今泾源县瓦亭）。宋泾原路统制张中孚、知镇戎军李彦琦献城投降。天会九年（1131），固原地区全部被金占据。

宋建炎四年（1130），金兀术转兵陕西，准备攻取四川，然后东西合兵占领江南。宋遣大将张浚进驻兴元，经营川陕，与襄、鄂、江、淮形成战略防御上的长蛇之势，相机自陕西进图中原，以牵制金人。德顺州为川陕门户，首当其冲。建炎四年九月，富平之战，宋兵失利，刘锜退守德顺州。十一月，金兵逼近，张浚以经略副使刘锡守德顺，移辎重于兴川。次年二月，金兵复围德顺，刘锡逃遁，德顺被金人占领。宋吴玠、吴璘扼大散关、仙人关一线，与金对峙。

宋绍兴八年（1138）五月，金人因在川陕不得志，派大臣蒲卢虎、挞懒议和，归还宋河南、陕西等地。德顺州又归宋所有。同年七月，兀术诛杀两大臣，复南侵。绍兴十二年（1142），宋秦、凤、熙、河十二路被金人占领，德顺州复为金所有。绍兴十九年（1149），金完颜亮弑金熙宗自立。绍兴三十一年（1161），金迁都汴梁，兴兵南伐，以都监徒单合喜为左元帅进兵大散关、和尚原、神叉口、玉女潭、石壁寨、宝鸡一线。徒单合喜请求增加兵力,诏令河南援兵入泾原,德顺成为双方争夺的主要军事目标。

绍兴三十二年(1162)三月,吴璘命姚仲舍弃巩昌,围攻德顺。姚仲攻40多天,不能成功。吴璘以武当军承宣使知夔州李师颜替代,以吴挺节制军马。吴璘恐士有怠志,亲自领兵20万赴德顺。

吴璘率数十骑骁赴德顺城观察地势。城北夹河池,傍山平坦,吴璘治理战地,斩将肃纪,派吴挺率数百骑诱金兵入战地。金兵一通鼓响,士卒从壁垒内跃出,突入宋兵阵中。宋兵退至夹河战地,以一当十,士卒奋力搏斗,战至傍晚,金兵败退入壁垒。黎明,吴璘出兵,金兵坚壁不出。当晚,风雪交加,金兵连夜逃走。吴璘入德顺城,市不改律,百姓拥马拜迎。吴璘还军河池,命姚仲守城。绍兴三十二年(1162)四月,吴璘命统制官卢任闵、姚仲节制,相机图复泾、渭等州。姚仲领兴元、祥州、河池、秦州等地共9000兵驻德顺州。当时原州被金兵围困,吴璘又命姚仲领德顺之军赴援。姚仲兵败,原州失守。

原州失守后,陕西五路新复州郡,"皆系于德顺之存亡,一旦弃之,利害甚重"。吴璘知金兵必再争德顺,便急驰赴城下。金徒单合喜、完颜璋、习纪烈领兵10万来攻,万户豁豁领精兵从凤翔继至。吴璘占据北山险要位置,又派吴挺筑东山堡据守。

绍兴三十二年(1162)八月,宋、金两军在城东接战,宋兵沿城东退至城北,上北岗布排叠阵,以长枪居前作冲锋式半跪，长枪队后依次布强弓、劲弩、神臂弓，两翼布骑兵，步兵居中。金兵相距百步，神臂弓齐放；相距七十步，强弓齐放；再近强弩发射。金兵稍退，长枪手跃起突入阵中，金兵败退。

同年九月初，徒单合喜遣统军尼河领兵7000与宋军复战。吴挺据东山堡，恃壕放箭，金兵不得前。金遂造大车，士兵匿藏其中，填壕进攻，吴挺命令士兵以巨木置道上，金大车受阻不能前进。城北宋军与金兵酣战，金兵死伤200余人。宋兵焚烧金兵攻城器具。金兵停攻东山堡，合并一处赴北原。吴璘据险布阵，金人遣迭勒从后路攻击，吴璘兵败退，中军李庠战死。

次日，宋兵乘天阴雾晦，分兵四路偷袭金兵，战于德顺城东。宋兵又退北岗占据险要之地，金人挥兵急击，宋兵大败。绍兴三十二年（1162）十一月，徒单合喜驻军水洛城，东自六盘山至石山头分兵把守。十二月，宋朝廷诏吴璘班师，吴璘知圣命难违，弃德顺还河池，遭金人掩击，伤亡30300人，新复十三州复为金人所有，陕西五路州郡重门锁钥复折。大定四年（1164），宋、金签订合约，各守疆土。大定十年（1170）四月，德顺军修建营房，屯军防守，宋金双方暂时处于休战安宁状态。

12 蒙古汗国拔德顺

蒙古太祖十六年（1221），蒙太祖通牒金德顺州投降。金廷慌恐，令陕西路坚守平凉、镇戎、泾原、德顺等处要害，选陕西骑兵加强京畿的防卫，通知秦、巩、德顺诸州，四品以下职事官主将及军官、义军将校，"能战却敌，善诱降人，取附近州县者，予本处长官、散官随职迁授"。重赏之下而无应者。太祖二十二年（1227）三月十四日成吉思汗兵进隆德，准备攻取德顺州。德顺州节度使爱申，深知凤翔进士马肩龙胆识过人，相商御敌之计。马肩龙知德顺难守，为报知己，慨然应诺。

爱申、马肩龙领义兵、乡兵共9000人守城。蒙古主派大将按竺迩领兵占东山高地及北城夹河险要处，树旗指挥，东山可望见城中虚实，蒙古军从薄弱处望旗而进，守攻20昼夜，北墙被突破，爱申战死。马肩龙在东城闻讯，拔剑自刎。成吉思汗拔德顺。镇戎亦被蒙古军占领。

13 会兵六盘平构乱

蒙古宪宗九年（1259）一月，宪宗派遣浑都海领兵2万驻守开成。七月，蒙哥汗在进攻南宋合州（今四川合州）钓鱼山时，病死于军中。九月，忽必烈在鄂州（今湖北武昌）得知其兄蒙哥汗死讯后，收到其妻弘吉剌氏密报，得悉其幼弟阿里不哥在漠北图谋继承汗位。次年三月，忽必烈在开平（今内蒙古正蓝旗东北）即大汗位。四月，阿里不哥在和林（今蒙古人民共和国乌兰巴托西南哈林和林）也宣布称大汗。阿里不哥拥有强大兵力，蒙古旧臣几乎都站在阿里不哥一边。特别是在关陇、河西地区，阿里不哥更占有优势，浑都海驻兵开成路，刘太平为参知政事，陕西行省左丞相阿兰答尔实际控制陕西地区。浑都海是蒙哥汗征蜀的旧将，立阿里不哥为帝，他是主谋和军事主力，开成成为其指挥中心。浑都海分别派人联系成都的明里火者和四川、青海的乞台不花等响应阿里不哥继汗位。继阿里不哥称汗后两个月，浑都海杀廉希宪所遣使者杂罗台，起兵反叛忽必烈。

忽必烈即位以后，任命廉希宪为京兆路（今陕西西安）宣抚使。为保持稳定，廉希宪到任后，即遣使安慰开成驻军，并利用浑都海杀其所派安谕六盘遣使之机，抢先捕获浑都海在京兆和成都的同党明里火者，使浑都海孤立。其间，阿里不哥亦派霍鲁怀、刘太弧等前往开成宣抚，被廉希宪、商挺等杀死。浑都海觉得形势不妙，遂令其治下2万士兵浩劫开成府库，领兵北撤，西遁河西武威。汪良臣率秦、巩诸军进开成，安抚百姓，捕捉浑都海余党。廉希宪调兵，堵截浑都海西进。1260年9月，阿兰答儿率军自河南西下，与浑都海会师西凉府（今甘肃武威），合军而东，来势凶猛。元世祖令廉希宪分兵三路血战，汪良臣等率军于甘州大败叛军，俘浑都海、阿兰答儿，将其押至京兆处死。历时3个月的浑都海叛乱结束。

14 安西王府五十春

至元八年（1271），忽必烈正式建国为元，次年封皇子忙哥刺为安西王，在六盘山设安西王府。《元史·地理志》载："安西王封守西土，既立开成路。"元路分上、下路，10万户之上为上路，10万户之下为下路，当冲要者，不及10万户亦为上路。开成路"当冲要者"，所以为上路。在设开成路的同时，设立开成府，领开成、广安两县。

安西王府设王相府，总揽全局兼理军民之政。首任王相商挺向安西王忙哥剌进"睦亲邻，安人心，敬民时，备不虞，厚民生，一事权，清心源，谨自治，困根本，察下情"十策，王为"置酒嘉纳"，"秦民大悦"，安西王广招贤士，大文学家姚燧始为王府文学。至元九年（1272），赵炳为王相，安西王府的宫室建造由赵炳主持。王城为长方形，周长约4.6华里，王宫居中，四角呈圆形。如和京兆安西王府相比，可谓"毳殿中峙，车间容车，帐间容帐，卫士环列，威仪之盛，虽求之大单于无以过也"。至元十年（1273），诏建京兆、开成王城宫邸，"用不足，取之庙庭，岁或多至楮币贯斗者百三十万"。安西王的用度十分宽广，有岁赐、租收、盐课、屯田收入及恩赐钱物、臣属敬献。至元十七年（1280），忙哥剌卒，其长子阿难答即爵，忽必烈撤王相府，恢复陕西、四川行省，安西王府仅领京兆安西王城和六盘山开成路，其余归属行省，成为事实上的宗王府，"安西王相府首令官，令史、与台、院史属一体迁转"。同年十一月，朝廷撤销开成路屯田总管府，并入开成路，隶京兆宣抚司。阿难答为争权利，多次要求朝廷设王相府，恢复原来的势力范围，朝廷不许。元成宗曾说："阿难答曾面陈于朕，朕以世宗定制谕之，今复奏请，岂欲以四川、京兆悉为彼有耶？赋税军站皆朝廷所司，今姑从之请，置王相府惟行王傅事。"于是，阿难答又提出在六盘山兴建延厘寺以纪

念忽必烈和皇后。元贞二年（1296），朝廷批准动工，八年后
竣工，元成宗加赐黄金250两、楮币5万贯、米1450石，规
模"以都城敕建诸寺为师而小之，土木之工，雕楹绘墉，朱
尘绮疏，匹帝之宫"。大德八年（1304），朝廷给安西王钞
14000锭。大德十年（1306），开成路地震，安西王宫及官民
庐舍俱被损坏，压死故秦王妃也里完等5000余人，元成宗给
钞130余锭、粮44100余石。大德十一年（1307）正月，元成
宗病死，阿难答欲拥兵自立。元武宗继位，捕安西王等人赐
死。至治三年（1323）八月，诸王杀死英宗，泰定帝继位，
以"诸王月鲁铁木耳袭封安西王"。不到半年，月鲁铁木耳因
与铁赤等谋反，被流放云南，遂降开成府为州。泰定元年
（1324）月鲁铁木耳家产籍没，至此安西王设置宣告结束，共
存在53年。

15 漠北残元掠固原

明代的固原，作为军事重镇，战略地位十分重要，始终
处于对抗北方鞑靼势力的第一线，战事频繁。鞑靼首领如正
统时的阿渠，成化时的孛来、毛里孩，弘治时的小王子、火
筛和嘉靖时的卜菟等，经常渡过黄河，南下直入固原，危及
关中。

蒙古部从漠北进攻固原，主要有两条路线：一为东线，由
盐池、灵武一带突破边墙，经同心韦州、豫旺直向固原；一为
西线，由贺兰山赤木口推进，沿中卫、中宁一线过黄河，沿清

水河南下固原。蒙古鞑靼贵族常于每年秋季，突破河东边墙防线，攻掠固原等地。景泰元年（1450），瓦剌部经西安州（今海原县西安乡）、海剌都（今海原县城）进犯开成县，掳掠人畜，军民惊散。

天顺年间，游牧河套的孛来、毛里孩诸部数度侵扰固原等地。天顺六年（1462）一月，明兵部侍郎白圭、右副都御史王竑等巡边经固原，适鞑靼孛来部入侵，白圭等领兵将其击退。

明宪宗成化二年（1466）七月，鞑靼毛里孩部由花马池侵入，攻破开成县城，杀死知县于达、教谕汤敏、大使汪士让等人，掠去居民 10 余户、广宁苑牧马 1600 余匹。固原千户所守备哈昭战死。明廷闻报大为震动，遂徙开成县治于墙坚池深的固原城。

明弘治十四年（1501），鞑靼小王子、火筛部由韦州入犯固原。七月，都指挥杨宏所部 680 余人与火筛遭遇孔坝沟，全军覆没。弘治十八年（1505）十二月，鞑靼小王子部由葫芦峡口进入，围攻镇戎守御千户所及黑城、双井等堡，杀掠 20 余日。

明正德十年（1515）九月，"虏十万余骑，从花马池入固原，联营而行，长七十余里，肆行抢杀，城堡为空"。此战，关中惊恐，朝廷震动。总兵官潘浩等被追究责任后，"戴罪杀贼"。

明世宗嘉靖十五年（1536）四月，鞑靼吉囊部分道攻掠宁夏、花马池、平虏城、固原等地，当其北返时，被总兵官王效、副总兵任杰等击之，吉囊远遁。嘉靖十九年（1540）八月，鞑靼吉囊部2万余骑兵入固原，总兵周尚文御之于黑水苑（今固原黑城附近），击毙吉囊之子满罕。嘉靖四十五年（1566）十月，鞑靼俺答部自定边营入境攻固原。总兵郭江、千总李大举等战死；陕西副总兵时銮领兵至瓦楂梁御之，几乎全军覆没。

面对蒙古军队的频繁攻掠，明廷采取措施，加强边防战备。成化十年（1474），首任王越为三边总制，统一指挥各路兵马，调整官军部署，整修边墙，变消极防守为主动出击。隆庆五年（1571）后，明与鞑靼、瓦剌结束对立，改善了民族关系，固原沿边出现了和平局面。

16 三边总制固原卫

由于鞑靼、瓦剌的侵扰，明王朝对固原的经营特别重视，认为"固原居中而执其枢，左顾则赴援绥、灵，右顾则迎应甘、凉。击常山之蛇以合左右之节，逐中野之鹿以成犄角之形，固原实有焉"。只要攻破固原，便可跨过陇山，进入关中地带。明王朝对固原的经营先后设置有固原卫、固原州，直至三边总制的驻节。

明成化初，为了防御游牧民族的侵扰，朝廷在西北边防线上设立九个军事重镇，其中延绥、宁夏、甘州和固原四大边镇各自为战。成化八年（1472），西边情形危急，明廷遂命王越为总督军务指挥战守全局。控制延绥、宁夏、甘肃三边，是为三边总制之始，并命各边总兵、巡抚均受节制。成化十七年（1481），王越被免职，总制之设无后续。弘治初年，边烽又起，明廷再次起用王越总制三边。次年，王越卒，三边总制再度虚悬。至弘治十四年（1501），正式设三边总制府，驻固原。先任史琳为临时代理三边总制，寻任命秦纮专司此职。嘉靖三年（1524）末，明廷起用杨一清，改称提督陕西三边军务大臣，始为定制。嘉靖八年（1529），王琼接任，仍称总制。嘉靖十六年（1537），改称陕西三边总督。从首任总制王越始，至末任总督李化熙止，160余年间，三边总制时设时罢，或任或缺，先后有60多人任总制或总督。

三边总制的职责主要是节制延绥、甘肃、宁夏、固原四大军镇，总兵、巡抚均受其节制。总制（总督）一职概由朝廷选派并由尚书侍郎等文职京官出任，意在以文驭武，联络各镇。凡任总制者，一般均加有都察院左都御史或者都御史头衔，以监督、弹劾管区内的各级军政官员，因而就形成凌驾于诸军镇之上的大防区，即督镇。军镇的最高军事长官是总兵，驻镇城，统辖全镇兵马，负责协助主将，策应本镇。军镇之下又划分若干路，路既是次一级的防区，又是次一级的防御单位。每路设置参将一员，负责本路的防守。路下面的防御单位是城堡，每个城堡设守备一员。堡寨是军镇的基层防御单位，每个堡寨设把总或操守一员。另外，军镇还设置巡抚都御史衙门，襄理或提督本镇武备，与总兵商处战守军务。嘉靖二十年（1541），固原城内驻有总兵官、游击将军、守备官、整饬固原兵备各一员。明万历《固原州志》记载，万历四十四年（1616），固原州城内有三边总制府、兵备道、镇守府、副将府、左游击衙、固原卫、固原州等官府衙门，共计各处官员 45 名、马步军丁 16967 名、马骡 24824 匹、军火器械 73824 件。

三边总制府非常豪华，刘献庭的《广阳杂记》记载："明三边总制，驻扎固原，军门为天下第一，堂皇如王者。其照墙画麒麟一、凤凰三、虎九，以象一总制、三巡抚、九总兵也。河西巡抚驻甘州，河东巡抚驻花马池，陕西巡抚驻西安，甘、肃、凉、西宁、宁夏、延绥、神道岭、兴安、固原各一总兵"。

顺治二年（1645），清廷起用前明保定巡抚王文奎为兵部右侍郎兼都察院右副都御史，首任陕西三边总督旋以孟乔芳接任。顺治十四年（1657），移驻汉中。陕西三边总督府设置在固原，历时 13 年。陕西总督节制 2 巡抚、3 提督、11 镇，统辖提标 5 营。顺治二年（1645），固原提督名为陕西提督，驻西安，又称西安提督。后因平凉、宁夏发生兵变，遂于康熙十五年（1676）命陕西提督改驻固原，称固原提督，王进定为首任提督。乾隆二十四年（1759），实行陕甘分治，分设川陕总督和甘肃总督。固原提督由陕、甘二总督共同节制，仍驻原防。乾隆二十九年（1764），令固原提督回驻西安，改称西安提督。乾隆四十六年（1781）苏四十三起事后，将西安提督调驻固原，仍称固原提督，终清未变。固原提督节制延绥、兴汉、河州 3 镇和西凤、潼关、庆阳、靖远共计 65 营，总兵额为 3.5 万多人。提督府驻固原州城鼓楼北。

17 甘军董帅战洋人

董福祥，生于1893年，字星五，固原州毛居井村人。同治元年（1862），西北回民起事，董福祥组建民团自保，同治八年（1869）投降清军，组成"董字三营"（即中国近代史上赫赫有名的甘军的起源）。董福祥曾随左宗棠入疆，参加收复新疆的诸多战役，赏头品顶戴、喀什提督，后调甘肃提督，晋太子少保，世袭骑都尉。

清光绪二十三年（1897）十一月，德军侵占胶州湾，沿海形势趋于紧张。清廷调董福祥率甘军入卫北京，编入北洋军。次年六月，慈禧命荣禄继任直隶总督，统领北洋三军（董福祥甘军、聂士成武毅军、袁世凯新建陆军）。戊戌政变后，荣禄扩建武卫军，董福祥统领武卫后军，驻扎蓟州（今天津市蓟县）并兼顾通州一带。义和团运动初起，清廷令"督饬严拿"，董福祥赞同其"灭洋"义举，说"不忍杀那些老百姓苦娃娃"，对他们予以同情。义和团被招募成军后，董福祥带甘军由南苑"持令箭入城"，做义和团"剿灭洋人"的"接应"。

清光绪二十六年（1900）六月，八国联军在西摩尔率领下向北京进发。董福祥檄马福禄、姚旺、马海宴诸将统领所部赴黄村（今北京大兴）竭力抵抗。在廊坊车站，侵略者遭到了董福祥甘军和义和团的阻击，激战3日，迫使侵略军退回天津。此役被称为"庚子第一恶战"。

清光绪二十六年（1900）六月十九日的御前会上，慈禧决定攻打使馆。董福祥的甘军与义和团攻占并焚毁了比利时、奥地利、荷兰、意大利等国的使馆。侵略军逼近北京，武卫、神机、神虎等卫戍军营"散伙无踪"，独董福祥率甘军血战东便门、朝阳门。在东便门甘军的"子弹穿过了俄国司令华西里耶夫斯基的右胸"。朝阳门之战中，日军敢死队试图靠近城门下埋地雷，"全部被射倒了"。董福祥闻慈禧、光绪出逃，始撤出战斗，率甘军在山西阳高追上慈禧母子。"自沙河西去，道路扈从深得甘军之力"。在驻太原期间，闻侵略军西进，慈禧又命董福祥率队星夜赶至西安，负责行宫警卫，并派部驻扎潼关至洛阳之间，担任外卫。

清光绪二十六年（1900），清廷向侵略者议和，董福祥被列强指名为 11 名"先办祸首"之一。法国公使称："当其他军松劲的时候，他仍坚持不懈"，"不能允许他免除死刑"。清廷鉴于董福祥为"陕甘两省回汉兵民所倾向"，恐"办理稍涉操切"，骤成巨祸，几经交涉，始得侵略者首肯，将董福祥撤职，所率 5500 余甘军全部解散。

18 封建社会告终结

清朝末年，中国封建社会的气数已尽。由于外国资本的不断入侵，传统农业经济受到严重破坏，巨额战争赔款转嫁到人民头上，"州县催征，鞭扑严急"，"甘肃稗政，莫大于加赋"，百姓生计断绝，而官府政客花天酒地。提督衙门、武营官弁，听曲宿娼，彻夜不休。腐朽没落的封建社会，激起人民强烈不满。宣统元年（1909）八月，海原县陶崧年盗卖仓粮，私吞学款，民众联名控告，平凉哥老会首刘四海联络平凉、固原、镇原会众，准备起事，事泄失败。蒿店民众，捣毁设在化平（今泾源）东山坡的固原提标右营游击马厂。原董福祥部士兵孙麻子在西宁联络哥老会，在西川元山尔庄起事反清。西安光复后，前陕甘总督允升逃到平凉，他和驻兰州的总督长庚，分别致电清政府，要求勤王。长庚组织援陕军，固原提督张行志挑选精兵，组成壮凯军，星夜扑向陕西。董福祥之孙董恭在固原自备粮草军械、招募士兵，组成恭字三营，开赴陕西。1912年，清帝宣布退位，援陕军被迫退回。张行志部驻防平凉，董恭的威武军驻防固原，至此，封建社会在固原地区宣告终结。

19 一九二○年大地震

这场地震发生于 1920 年 12 月 16 日 20 时 06 分 09 秒，宏观震中位置在海原西华山北麓的石卡关沟至哨马营一带，震中烈度 12 度，震级 8.5 级或 8.6 级，震源深度约 18 公里，极震区面积 2 万多平方公里，极震区呈长轴状、北西走向，造成的地震构造变形带有两条：一条为固原市原州区中河乡硝口—李俊—小南川—老虎嶂岘北，长约 60 公里，主要表现为草皮冻土拱起及呈串珠状分布的大量崩山滑坡；另一条为海原县胡家套子—乱堆子—芦子沟—干盐池—边沟—李家沟—邵家水（过黄河）—景泰县兴泉堡，长约 237 公里，主要表现为地堑式下陷、地震陡坎及许多次一级裂缝和鼓包。这次地震造成破坏的范围，东至山西太原、西至青海西宁、南至陕西汉中、北至内蒙古包头，影响面积达 300 万平方公里，震感面积更大，约 400 万平方公里，除西北各省外，河北、河南、四川、湖北、安徽、江苏、福建、北京、天津、上海及香港等地均有强弱不同的震感。

　　这次地震死亡人数共 24.6 万余。自青家驿到静宁县仅 100 里路，其间，大块的山崩达几十处，崩塌的长度在 1 ~ 4 里，这些地方，山峰距平地高 600 尺左右，通体皆为黄土所成。山崩的次序，系先在山上发生弧形断裂，裂开的坡面向山脚塌下，塌下部分摇动，颠倒错乱，甚至往外冲走七八里之远。山崩经过的地方，所有村舍、道路、树木一概被冲坏。遇有沟道亦即被填满，水流阻塞；有几处竟至超过沟道，冲到对岸；有几处山谷两岸同时皆向谷内崩塌，左右冲突，在山谷中央，壅成山阜。所谓平地涌出阜者，即如此生成。今西吉县西北至西南的祖厉河流域、葫芦河上游西侧及其支流滥泥河流域，地表黄土疏松，极易塌陷，地震形成的山崩、滑坡比比皆是。大地震之后，固原地区形成了断裂带——海原断裂带，这条断裂带处在南西列弧形山地的北东缘构造边界，东起六盘山北段硝口附近，向北西沿月亮山、南华山和西华山北麓延伸，后入甘肃省。走向为北西倾向南西，倾角为 60 度 ~ 80 度，并形成地震堰塞湖。西吉县有地震堰塞湖 40 多个。大地震时，正值隆冬腊月，震后第二天，狂风大作，飞沙走石，继而又是大雪纷飞，天寒地冻。灾区人民无衣、无食、无住所，流离之惨状，令人目不忍睹。人们多依火坑取暖，衣被素薄，一旦失所，复值严风，忍冻忍饥，瑟瑟露宿，匍匐扶伤，哭声遍野，不待饿殍，亦将僵死。牲畜死亡散失，狼狗亦群出吃人。震后 3 个月，仍有未掩埋的尸体。据专家测算，海固大地震新释放的震波能量为 3.55×14 尔格，相当于 2.2 亿吨 TNT 黄色炸药爆炸时释放的能量。

大地震后，灾区各地纷纷向省府告急求援。震后第 25 天，甘肃省省长、督军张广建和议长世相代表全省官吏绅民向全国通电，呼吁社会各界紧急援助。北京政府面对巨灾竟茫然无措，仅以总统徐世昌之名捐洋 1 万元。旅京甘肃同乡会组织了甘肃赈灾救济会，从 1921 年 1 月到 12 月整整 1 年时间，向全国各省发出募捐函 390 件，发电报 210 件，但反馈信仅 100 件，反馈电报仅 20 余件，只收到捐款 3.1 万元。

三　红绿六盘

1 红军夜宿单家集

　　单家集革命遗址，在固原西吉县兴隆镇单家集的单南清真寺。单南清真寺始建于清光绪年间，是固原市现存最古老的清真寺之一。1935 年 8 月，中国工农红军第二十五军长征途经兴隆、单家集一带，在单家集休整 3 天，红军向单南清真寺赠送了绣有"回汉兄弟亲如一家"的软锦缎匾和其他礼品，并依托清真寺开展了为群众"办实事、办好事、尊重回族风俗习惯"的活动，受到了回族群众的热情欢迎。寺内阿訇也带着回族群众拿着礼品拜访了红军官兵，盛赞红军是"仁义之师""回族的军队"。1935 年 10 月 5 日，中央红军主要领导人毛泽东、张闻天、王稼祥等人长征到达该村，单家集人民热情地接待了他们。红军首长被安排在寺北拜文海家。第二天红军走后，国民党的飞机投掷炸弹，毛泽东住过的北厢房虽未被击毁，但墙体及木窗上留下 20 多处弹痕。1936 年 9 月红军第三次到达固原，中国工农红军一军团一师在西征中进驻单家集，共居住 42 天，并积极开展地方工作，单南清真寺成为红军开展工作和相互联络的重要地点，红军组织成立了单家集苏维埃政府，这是西吉县境内革命史上第一个红色政权。红军开展革命活动，宣传党的民族政策，使单家集人民受到了极大鼓舞。1993 年 12 月，在纪念毛泽东同志 100 周年诞辰之际，单家集穆斯林群众，在单南清真寺前和毛主席当年住宿的原址修建了纪念碑，纪念碑正面刻有"人民救星，一代天骄"的字样，背面的碑文详细记述了在 1935 年 10 月 5 日，毛主席率领中央红军长征途经单家集并且留宿的经过。1990 年，单南清真寺被列为青少年爱国主义教育基地，成为西吉县的红色旅游景点之一。

民族团结

2 红军长征越六盘

1985 年，为了纪念中国工农红军长征的伟大胜利，宁夏回族自治区党委、区政府决定在六盘山 312 国道西兰公路旁边修建六盘山红军长征纪念亭。

六盘山红军长征纪念亭整体由台阶、花坛、碑亭三部分组成。纪念亭总高 42 米，共有台阶 159 级；花坛呈椭圆形，东西直径 12 米，南北直径 15 米，周围种植松柏花卉；碑亭建于八角形台墀上，台墀边长 96 米，面积约 700 平方米。正前方为展现毛泽东率中国工农红军翻越六盘山的浮雕石碑。碑长 10 米，高 7.5 米。纪念亭亭心为正方形，边长 15 米，大理石磨制地板，汉白玉护栏，亭顶为灰茶色琉璃瓦当，由 12 根灰白色花岗岩柱擎托，亭檐正中镶嵌着胡耀邦同志题写的"长征纪念碑"汉白玉匾额，亭中矗立着洛阳大青石碑。石碑正面镌刻着毛泽东主席《清平乐·六盘山》的手迹，背面是由中共宁夏回族自治区委员会和宁夏回族自治区人民政府共同撰写的碑文。

2004 年 8 月，宁夏回族自治区党委、人民政府又决定重建六盘山纪念亭。2005 年 9 月 18 日纪念亭正式建成，命名为六盘山红军长征纪念馆。

六盘山红军长征纪念馆主要由以下几部分组成。

纪念平台：长、宽各 70 米，象征着红军长征翻越六盘山 70 周年和红军长征胜利 70 周年，整个平台由 78 根直径0.8 ~

1.2 米的圆柱支撑,花岗石贴面,不锈钢栏杆。

纪念碑:高 26.8 米、长 18 米、宽 4.5 米,为钢筋结构玻璃幕墙,碑的两侧分别镌书毛泽东的《清平乐·六盘山》和《长征》,正面刻有江泽民同志题写的"六盘山红军长征纪念碑"碑名。

纪念馆:总面积 2159 平方米,内设展厅、接待室、茶艺室、放映厅、操作间等,展厅由序厅、前言厅和一展室、二展室、三展室五部分组成,既有图文,又有实物,既从宏观上反映了红军长征的全过程,又重点突出了红军长征在固原地区活动的情况及新中国成立后,固原人民发扬长征精神,艰苦奋斗、奋力拼搏,在政治、经济、文化等方面取得的巨大成就。

步行台阶:长 58 米,宽 18 米,共 149 个台阶,花岗石贴面,花岗石扶手栏杆。

纪念广场:长、宽各 100 米(含两侧绿化带),贴花岗石的主广场约 8000 平方米。

影壁墙:长 60 米,高 12 米,象征着红军三大主力胜利会师,旗上镌刻着江泽民同志题写的"长征精神永放光芒"。

铜铸群雕:高 5 米、长 12 米、宽 2.5 米的大型铜铸群雕有两组,主题为红军长征翻越六盘山及六盘山回汉人民喜迎红军的场景。

纪念亭:长、宽各 22 米,高 12.5 米,亭上有胡耀邦同志题写的"长征纪念亭"亭名。

吟诗台:长、宽各 9.1 米的正方形仿长城造型,中央巨石上刻有毛泽东当年吟唱的《长征谣》。

中共宁夏回族自治区党委、区人民政府刻碑记事，碑文为：

二十世纪三十年代，中国共产党领导的工农红军进行了震惊中外的二万五千里长征。长征是历史记录上的第一次，创造了无与伦比的英雄业绩，谱写了惊天地、泣鬼神的伟大革命篇章。

六盘山是红军长征翻越的最后一座高山。六盘山，古为陇山、鹿盘山，主峰又称美高山。峰高川多，山道盘旋。山以事名，名由人传。红二十五军，红一、二、四方面军先后经过六盘山地区，一路战凶顽，播火种，气吞山河，勇往直前，英雄豪气彪青史。

一九三五年九月二十三日，中央红军在毛泽东、张闻天、王稼祥等同志指挥下，从哈达铺北上，长途跋涉，挺近陕北。第一纵队十月五日行至西吉县（按：时西吉未建县，应为隆德）境内，七日下午二时许，毛泽东等中央领导同志率军登临六盘山主峰。时值仲秋，天高云淡。毛泽东目穷千里，心潮逐浪，畅吟一阕《清平乐·六盘山》，遂将高山美景、红军英姿、伟人壮志传颂天下。

猛志逸四海，声名传万古。旷世壮举，恢宏气概，先烈足迹，伟人风范，永远激励六盘山各族儿女。二十年前，曾建亭立碑。今值中央红军翻越六盘山七十周年，山川织锦，万象更新，自当缅怀先驱，再颂勋祺，即决定改造扩建，永志纪念。原亭位拓展为平台，树立纪念碑，江泽民同志题写碑名；新建纪念馆，展示长征史实；前置影壁墙，一览会师胜状；亭移馆之北，荟聚过去今朝。

巍巍六盘，浩浩长风。长征精神，永放光芒。

是为记。

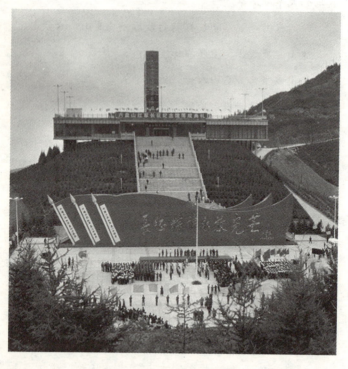

六盘山红军长征纪念馆

3 红军会师将台堡

1936年10月9日，中国工农红军第一、第四方面军在甘肃会宁会师。10月22日，红二方面军总指挥贺龙、政委任弼时、副政委关向应和随红二方面军行动的红军原总参谋长刘伯承率领总部及二军团官兵同红一方面军一军团代理团长左权、政委聂荣臻、政治部副主任邓小平及所部二师（师长杨得志、政委肖华）官兵在将台堡会师。会师部队举行了盛大的联欢会。次日，红二方面军六军团（团长陈伯钧、政委王震）到达将台堡以南20公里处的兴隆镇，与红一军团一师（师长陈赓、政委杨勇）胜利会师。至此，中国工农红军三大主力全部会师，长达两年之久的长征宣告结束。

1996年10月，纪念红军长征胜利60周年之际，将台堡修建了中国工农红军长征将台堡会师纪念碑，江泽民同志亲笔题写了碑名。10月22日，纪念碑落成，毛泽东主席的儿媳邵华携子毛新宇和部分长征老红军代表亲赴将台堡参加了纪念活动。2006年10月，适逢中国工农红军长征胜利70周年，西吉县委、县政府对将台堡红军长征纪念园进行了重建。重建后的纪念碑碑高26米，红军会师纪念馆及红军指挥部旧址面积320平方米。纪念馆主要陈列三大红军主力会师的图片和实物，以及大型电子沙盘及雕塑、浮雕等，通过图片和实物，向人们展示红军当年艰苦卓绝的战斗历程。将台堡是全国30条红色旅游精品线路和100个红色旅游经典景区之一，又是全国重点文物保护单位。

将台堡红军纪念园

4 任山河殊死战斗

任山河战斗是中国人民解放军挺进西北时发生的一次激烈战斗，它为三关口战斗的最后胜利，为全面解放宁夏、兰州奠定了基础。

1949年7月下旬，中国人民解放军第一野战军十九兵团从陕西省乾县、礼泉出发，开始追击宁夏马鸿逵部。7月31日，当六十四军一九一师追击至任山河时，发现宁夏马鸿逵部第十一军马光宗部在此构筑野战工事。一九一师即以两个团的兵力发起攻击，初战受阻，雨夜撤出战斗。8月1日，六十四军以一九〇、一九一、一九二师及配属的六十三军一八八师、六十五军骑兵第六师二旅，全线向任山河守敌发起总攻。经过激烈战斗，六十四军各师先后攻占鹦哥嘴、罗家山、石家湾等阵地，毙伤和俘虏马军2795人，缴获各种武器1400余件，取得了任山河战斗的全面胜利，解放军指战员364人壮烈牺牲。任山河战斗，拉开了人民解放军解放宁夏的序幕。

1955年4月1日，固原县人民委员会为缅怀革命烈士的丰功伟绩，昭示后人，将1949年战斗结束时分别葬在任山河、黄家寺、鹦哥嘴、石家湾等处的烈士遗骨迁移安葬于现任山河墓地并立碑建园。

5 武工队喋血龙潭

1946年7月，中国人民解放军中原野战军王震部队三五九旅突围，向陕甘宁边区进发。根据中共中央关于迎接王震部队的指示，中共中央西北局决定成立陇南特委、海固工委、化平工委。1946年9月3日，海固工委和陇南特委及其所属武工大队，从环县庙儿掌出发，经固原县的白家埫、寨科、头营、张易堡到隆德县杨家店，翻越六盘山，向化平县（今泾源县）方向进击。9月11日，武工队在化平县白面河（今泾源县泾河源镇）被国民党保安三团和新一旅共2000余人包围，武工队边战斗边撤退，突破包围圈，撤退到老龙潭西山。在战斗

中，海固工委委员魏志义和回民骑兵团排长马智俭等7人壮烈
牺牲，6人受伤。

1992年7月1日，泾源县人民政府在老龙潭修建了龙
潭烈士纪念亭。亭中立碑，碑阳刻"龙潭烈士纪念碑"的
碑名。在纪念碑的左前方有米国仓、魏志义、马智俭、马玉
德、马玉琪5人的陵墓，墓碑为1990年8月1日泾源县人
民政府立。

回民骑兵团

6　六盘生态经济圈

六盘生态经济圈建设规划区包括固原市原州区、西吉县、
隆德县、彭阳县、泾源县和中卫海原县，总面积1.68万平方
公里。

六盘山区主要为生态工程建设区，面积303万亩；黄
土丘陵区主要为生态经济产业区。生态工程新营造水源涵

养林 91 万亩，封山育林 48 万亩，退耕还林（草）22 万亩，治理水土流失面积 9630 平方公里，生态移民 11 万人。固原市森林覆盖率提高到 23.3%。生态经济圈建成优质牧草基地 26.7 万公顷，建成马铃薯种植基地 11.3 万公顷，经济林果种植基地 1 万公顷，枸杞种植基地 4 万公顷，玉米种植基地 6 万公顷，中药材种植基地 12 万公顷，小杂粮种植基地 2.1 万公顷；年加工草块和草粉 60 万吨，年加工优质中药材 1 万吨；年旅游人数达到 200 万人次，实现旅游收入 6 亿元。

六盘山是从固原逶迤入隆德，为固原、泾源和隆德的分水岭，沿山有东海子、西海子、北联池、花岔沟、十八盘、干海子、石棺材、烟雾亭等险山湫水；还有苏台岭、黄草沟、竹子坡、马王岭、鹰石等奇峰大谷。帝王将相、名人骚客行经六盘，历史多有记载，歌赋诗文亦多有留存。

六盘山国家森林公园被誉为黄土高原上一颗绿色明珠，是西北地区重要的水源涵养林基地和宁夏回族自治区级风景名胜区，总面积 6.78 万公顷，森林覆盖率达 70% 以上，生物资源丰富多样，形成了一座巨大的"基因库"。显著的水资源涵养效益和湿润的气候使之成为西北干旱地区的生态"绿岛"和"湿岛"，惠及泾河、渭河流域的陕、甘、宁三省（区）。森林公园内有丰富的动物和昆虫资源，不乏国家保护的珍贵稀有物种和六盘山特有的品种，这使之成为"动物王国"。繁茂的森林、良好的植被和生物多样性使六盘山国家森林公园形成老龙潭、二龙河、鬼门关、凉殿峡、野荷谷、白云山、六盘山共七大景区60多个景点。景区内奇特的峡谷地貌、流泉瀑布和特有的植物资源在群峰环抱中显放异彩，构成一处饱含纯自然美的处女地；山光水色雄、奇、峻、秀，汇集了北国风光之雄浑、江南水乡之靓丽。森林公园内的景色随季节而变，各具特色。1980年六盘山被国务院确定为黄土高原重要的水源涵养地；1982年7月，宁夏回族自治区第四届人大四次会议决定建立六盘山自然保护区；1988年5月，国务院公布六盘山为国家级森林和野生动物自然保护区；2000年4月，国务院扶贫办、国家计委和国家旅游局批准成立六盘山旅游扶贫试验区；同年7月，六盘山被确定为国家级森林公园。

六盘山之夏

7 地质公园火石寨

火石寨位于西吉县城北 15 公里的火石寨乡境内，东距固原须弥山 28 公里。景区面积 1.4 万公顷，自然风光奇特，属典型的丹霞地貌。景区有情人峰、棋盘梁、云台山、石寺山、大石城、禅佛寺、黑窑拱北、板石窑八大景点；有历代开凿的石窟群 10 余处 120 多孔；有流传民间脍炙人口的故事和传说。奇峰、丹石、森林、石窟为景区"四绝"，是消夏避暑、生态观光、科学考察的好场所。2004 年 1 月 19 日，火石寨被国土资源部批准为国家地质公园。公园遵循"集科学性、启迪性、参与性和趣味性于一体"的宗旨，以火石寨丹霞地貌的特点和成因为主线，对地质背景、地质景观、中生代的沉积环境和沉积构造类型、1.4 亿年以来的地质遗迹等做充分的展示。火石寨丹霞地貌总面积 98 平方公里，可开发跨度 33 平方公里，地势南高北低，最高峰是西南端的黄圈山，海拔 2494.8 米，顶平、坡陡、麓缓，山体的阳坡是裸露的红砂岩石，阴坡则被茂密的植被覆盖。云台山景区除了丹霞地貌景观外，还有修建于北魏时期的佛道教石窟群，具有深厚的人文历史内涵；情人谷深谷滴翠，鸟语花香，景色秀丽，是人们休闲游乐的好去处；龙潭寺、黑窑拱北是伊斯兰教嘎德忍耶门宦的圣地，每年都有数十万信教群众在这里举行宗教活动；石寺山奇峰峻岭、高耸入云，是"两园一区"的标志性景点；棋盘梁顶有一巨石，形如棋盘，传说是赵匡胤和陈抟老祖曾经下棋的地方；大石城是明朝的古战场遗址，四面绝壁，险峻异常，易守难攻；还有高耸入云的佛教活动场所禅佛寺。园区外围有月亮山、扫帚岭等森林草原区。

西吉神奇火石寨

8 地震堰塞党家岔

震湖位于距固原西吉县城 38 公里的苏堡乡党家岔，是1920 年海原大地震时形成的堰塞湖。震湖长 3110 米，宽 600米，平均水深 6 米，最大水深 11.5 米，水域面积 186.6 万平方米，蓄水量 1120 万立方米。这里三面环山，湖水碧波荡漾。春夏季节，湖边沙柳丛丛，芦花飘香，湖心野鸭嬉水，雁飞鱼跃，一派江南水乡景色。湖内有鲢鱼、鲤鱼、草鱼等 10 余种鱼，其中彩色鲫鱼为世界所罕见。党家岔震湖是西吉震湖中最

大的一个，在它的周围有 10 余个这样的堰塞湖，形成连环状，
成为黄土高原上的"地震博物馆"。

2006 年 12 月，国家地震局将此地命名为宁夏西吉县党家
岔地震滑坡堰塞湖遗址。2006 年 6 月，宁夏地震局、西吉县
人民政府在该湖修建重点地震遗迹保护区——西吉震湖。

震　湖

9　雁岭生态示范园

雁岭地处固原市区，是市区的生态屏障和重点绿化工程之
一。雁岭总面积 6260 亩，现有人工林面积 6217.5 亩。雁岭属干
旱黄土丘陵区，海拔 1781～1859 米，坡度 15 度～30 度，平均气

温 5.8℃，年均降水量 460 毫米，土壤属黄土。雁岭的生态树种主要有云杉、油松、杨、柳、榆、槐、臭椿、山杏、山桃、沙棘、柠条等近 40 种，植树总量达 100 万株。

山色苍茫古雁岭

四　文化固原

1 史前文化之光辉

　　早在新石器时期，先民们就在固原这片土地上繁衍生息，他们创造了丰实厚重的原始文化。其中陶器制作技艺精湛，具有高深的艺术魅力。1982 年在隆德凤岭乡胜利村出土的尖底瓶和 1984 年在沙塘页河子出土的双耳彩陶瓶，是固原陶器的典型代表。

　　凤岭乡胜利村出土的陶器种类繁多，陶质细腻，呈砖红色，间涂有白、橘陶衣。陶器多为素面，少有划纹、指印纹和附加堆纹。尖底瓶为喇叭口、细长颈、圆肩、深腹急收尖底。红陶高 54.4 厘米、口径 11 厘米、腹径 22 厘米，其形状和西安半坡遗址门前所绘少女取水的尖底瓶图一样。尖底瓶空时在水面会倾斜，瓶里汲满水时就会自动恢复平衡状态直立。这种为便于取水而发明的尖底瓶所含的物理学原理是深刻的，它说明固原早期先民在实践中就知道重心的相对位置和浮体稳定性的关系。新石器时代的先民明白这个道理并在生活中加以运用，是一个十分了不起的发现，它反映了史前文化的辉煌。

隆德沙塘页河子出土的彩陶以黑彩为主，花纹结构以多条弧线、弧边三角、圆点为主题组成宽面图形，多见草叶纹、鸟纹、鱼纹等动植物花纹，有些器物内壁还绘有彩绘。如果认为黑色的弧形或弧形三角形描绘的是大地上焚烧的野火，那么黑三角纹间露出的橘红陶色则是色泽艳丽的花瓣。远古的先民到底描绘的是什么，尚未揭晓，也许这正是原始彩陶艺术的魅力所在。页河子出土的双耳彩陶瓶，长颈圆肩、平底，上腹有双耳，高34.8厘米，腹径15.9厘米，腹部有褐黑色彩绘，为鱼纹。仰韶文化时期人们已熟练掌握了彩陶工艺。在较早的仰韶半坡期，彩陶的纹样题材多选自当时渔猎的对象，以鱼为主，从写实的鳟鱼演变成富于变化的鱼纹图案，装饰性日趋明显。到了庙底沟时期，鱼纹日渐稀少，而代之以弧形、弧线形等富于变化的图案。双耳彩陶瓶当属仰韶半坡期器物。隆德出土的彩陶如此绚丽，那么彩纹到底是用什么工具绘制的呢？这个问题至今没有答案。从彩陶绘纹看，绘纹施于极薄而且未经烧制的陶衣上，丝毫无划痕，说明画绘物有弹性；绘纹线条可粗可细，说明画绘物十分柔软；线条流畅，无干涩，说明画绘物吸有一定量水分；有的画在器物内壁上，说明有较长的杆。头柔软有弹性、可吸一定量水分、有较长杆的这个东西不正是毛笔的形状吗？由此推想，原始社会的先民们已经掌握了制造毛笔的技术并能熟练应用。这不能不说是史前文化的又一辉煌之处。

2 千年祭祀北联池

北联池，曾称北乱池、北乱灵湫，位于固原隆德县城东北20公里处的六盘山上，海拔2530米，池面总面积约3公顷。池三面环山，层峦叠嶂，有九座山峰环绕，山势巍峨峻拔。池水下注，流入葫芦河，是人类发源地葫芦河源头之一。秦昭襄王三十五年（前272），秦灭义渠戎设立朝那县，辖今原州、彭阳、隆德及甘肃华亭、庄浪等地区，朝那县内凡有湫池者统称朝那湫。因此，在秦时不只北联池称朝那湫，朝那湫还有不同指位。古籍中的吴山亦名岳山，就是现在的六盘山。吴西，即六盘山西侧。六盘山又名陇山，陇山是龙山的转音，亦即中华龙腾飞之地。朝那湫正因为是龙的诞生地，所以在历史上曾与黄河、汉水、长江并列，成为我国四大名川之一。《史记·封禅书》载："自华以西，名山七，名川四，曰华山，薄山。薄山者，衰山也。岳山，岐山，吴岳，鸿冢，渎山。""水曰河，祠临晋；沔，祠汉中；湫渊，祠朝那；江水，祠蜀。""长水、沣、涝、泾、渭皆非大川。"在远古时期，无论规模和名气，朝那湫都超过了泾河和渭河。也正是基于此，北联池成为华夏文明史上最重要的祭祀地之一，历代王朝都把它作为祭祀龙神和人文始祖伏羲的圣地。每年春秋两季，官府都设立祭坛，举行盛大的龙祭（亦称农祭）仪式。

春秋战国时期，北联池"因近天子之都"祀祠有加，秦惠文王更元十三年（前312），秦王祭祀，投《诅楚文》于池中。《隆德县志》载："按《史记》秦祀湫渊于朝那，惠文王使张仪阴谋伐楚，为文投湫中诅之曰：'敢昭告巫咸大神，以底楚王熊相之多辜。'"宋熙宁年间，泾原路经略安抚使蔡挺发现《诅楚文》石鼓，方勺在他的《泊宅编》卷二的《秦诅楚文跋尾》中对《诅楚文》的成文时间、祭祀目的做了详细的考证。

公元前 220 年，秦始皇开始了统一后的首次巡视，登鸡头，望祖厉，祭祀朝那湫神。西汉时，朝那湫祭祀仍然十分庄重。《汉书·郊祀志》仍然把黄河、汉水、长江和湫渊并列。从公元前 112 年至公元前 88 年，汉武帝六次巡边，除了显示赫赫战功外，最重要的一个原因就是祭祀湫渊龙神。据史书记载，汉安帝、汉桓帝也曾驾临朝那湫祀祷。

南北朝至隋唐时期，佛教盛行，北联池成为礼佛圣地，庙宇达到"八台九宫十二院"的规模，正如杜甫《灵湫诗》所言："东山气鸿蒙，宫殿居上头。……佛天万乘动，观水百丈湫。"

宋代皇帝崇道而北联池佛事式微，所祀龙神有了专指，号惠泽大王，其实是祭祀抗夏有功者严辉、严茂兄弟。所塑神像一为惠泽大王、一为妃子元君，实则是伏羲和女娲的化身。

惠泽大王在宋代以后逐渐衍化为北联池灵湫神祇。此后，北联池的祭祀活动中祈雨的内容逐渐增多。元天历二年（1329），开成州数月不雨，州达鲁花赤率部祈雨立碑以记。

明嘉靖年间，《固原州志》撰写者赵时春所记祈雨文颇多，且有不同时令的报朝那湫神庙文。

清至民国时，北联池仍为祭祀之地。池北岸建有惠泽大王庙，山门左右立石狮各一，石阶 12 级至前殿，内供惠泽大王，殿面积约 60 平方米。石阶 12 级至后殿，殿址略大，供龙神、

山神、土地神等神祇。前殿廊东挂大铁钟一口，两庙院殿前有
六角形大石香炉各一座，庙山门左右各立石碑一座，殿后立石
碑四座，其中一座高约 1.8 米，圭额浮雕花纹，龟形底座，两
面刻字。1958 年后庙无存，神罄碑石散失。

20 世纪 80 年代末到 90 年代初，北联池民众捐资，先后建
成大雄宝殿、东方琉璃光药师佛殿、龙君殿、五圣官、灵官
殿、道观、庙宇 7 座，塑神佛像 53 尊，画像 7 尊，北联池的
祭祀活动渐盛。

北联池的祭祀活动多在农历正月十六，后来和求雨活动合
并，改为农历六月初六。

北联池，风雨沧桑近万年，以伏羲降生而传世，因严氏功
封而显赫，有神主之，祭祀不断。山水秀灵、神明并提，具有

北联池

真气。北联池的历史仿佛一架古琴，弹拨出中华民族敬事先祖，祈求成功、平安和幸福的心曲。

2008 年，北联池祭祀被列入宁夏非物质文化遗产名录。

3 春秋战国青铜器

春秋战国时期，生活在固原地区的义渠、乌氏等游牧民族已进入青铜文化时期。目前在原州区、隆德、彭阳、西吉境内发掘、清理了各种类型的墓葬百余座，出土了数以万计的器物，它们具备北方系青铜器的一般特征。青铜器主要有兵器戈、矛、短剑、铜柄铁剑、镞等；生产和生活用具有斧、锛、凿、锥、刀、勺、管状饰、鹤嘴斧等；车马器有当卢、节约、衔、镳、箍、泡饰、车辕饰、毂、杆头饰、铃等；透雕铜牌饰有鸟兽纹带饰、虎噬羊、虎噬驴、子母豹、鹿、羊、马等；装饰品有带扣、带钩、环、镯、动物纹饰牌等。

1989 年原州区杨郎乡马庄发掘了 49 座墓，出土各类遗物近 3000 件，以青铜器为主，骨器次之，金银器、绿松石、水晶玛瑙等为主要装饰品。青铜制作的器物，以动物图案为装饰。在 6 号墓出土的一件青铜带扣，图案为成对的公羊头与蛇头扭在一起，形象生动。7 号墓和 17 号墓都出土了环形带扣，钩的外形是歇息的鹿。1 号墓的一件环形带扣，表现的是公鹿追逐母鹿的场景。彭堡镇余家庄墓地出土了一件青铜牌饰，刻画了雌雄鹿交配的情景。头营镇王家坪村出土的动物纹金扣饰，图形为两只老虎吞噬一只鹿。彭阳县城阳川出土的马兽纹铜带钩，描绘的是一只狼和一只鹰。该牌饰的后面，虚构的狼的身体蜷曲成圆形，只有耳朵、棕毛和尾巴显示出猛兽的形象。原州区头营镇坪乐村发现的一座墓葬，出土器物 69 件，有透雕铜牌饰，浑铸鹰头、矛、铃、管状饰、铁锸等。出土器物的图案还有圆形虎抱鹿图饰，虎口咬住鹿的颈部，鹿头弯曲，圆眼大睁，侧身卧倒，一只后腿搭于虎背之上，做挣扎状，虎首有两个圆孔代替眼睛，背面有一纽，直径 2.9 厘米。在原州区潘家庄农场出土的一件鎏金虎纹饰牌，长 8 厘米、宽 5 厘米，长方形的板上留有边框，浮雕出虎形纹饰，虎体大肥硕，作行走状，低首，圆眼外凸怒睁，巨口大张，利齿外露，牌的额部有一辫状物向上平贴于背部，束端饰鸟头，尾下垂，背部平素，有两个系扣用的桥形扣。原州区彭堡镇撒门村发掘墓葬 30 座，出土金、铜、陶、骨、玉等各种质地文物 1200 余件，个别墓室随葬品多达 200 余件。彭堡镇侯磨村墓葬发掘金耳环 2 件，还有金花饰、楔形金块。

4 天下右地固原城

　　固原城，史称"天下右地"。"治城形势如磐石，东岳辅于左，西坪翊于右；九龙摈于前，北塬拓于后；清水河襟带于东南，饮马河纡轸于西北。城湮接汉，雉堞巢云，处实面阳，圆居方正。"固原城四面开阔，利于军事进攻；城池坚固，易守难攻，城门一阖，金墉铁瓮。

　　固原城的战略位置，"居高平第一，扼两山要口，控三水之交，当四镇之冲，歌五原之野，拥六盘山之险，掌七关之固，绾八营之道口，掀九塞之中肋"，恰合九九之数，所以被称为"天下右地"。

固原城原为西汉安定郡及高平县治所，称高平第一城，高平者，地势高而平坦，即"原"。

两山：固原周边多两山相峙，两山要口，形成隘口，如三关口、海子峡口、叠叠沟口、双井子口、石门峡口、甘城子口、石羊子口等，大小80多个，明三边总制在隘口筑堡戍守，瞭望巡逻，联络照应。

三水：又名三川。民国《固原县志》载："今县北黑城镇地。汉置三水县，隶属安定郡，王莽改为广延亭。后汉、三国仍为三水县，晋改为西川县，后废。宋置三川寨，金升为县，元废。"三水是固原北面屏障，宋夏对峙，曾大战三川寨。

四镇：朔方、泾原、陇右、河东为唐朝四镇，固原、延绥、宁夏、陕西为明朝四镇。

五原：唐陶翰《出萧关怀古》诗"悠悠五原上，永眺关河前"，明萧禀《重九总督高公同饮南池》诗"五原秋日驻干旄"，均指此地。但有五种说法。《崆峒山志》注，"按郡志五原即古太原，《诗》云'至于太原'是也。元魏置原州即其地，后折州、县，遂统为五原之地"；固原州所属花马池有龙游原、乞地千原、青龄原、可岚贞原、横槽原；以固原旧辖海城县、平远县、硝河城、同心城、打拉池等多有原地故名；民间指青龙山、笔锋山、大白山、莲花山、东岳山上的平地为五原；多数人认为是指固原四周的西坪原、米家原、孟家原、麦家原、虎家原。

六盘山：六盘山古称陇山，横亘固原境内，历代为兵家所争。六盘山又是关中屏障，称为"锁钥"。

七关：即石门关、驿藏关、制胜关、石峡关、木峡关、六盘关、木靖关。

八营：固原以北自头营至八营，势如联珠，大道可通。明朝三边总制杨一清所设戍守放牧驻兵处，后逐渐形成村落。

九塞，即九边。

固原城于西汉元鼎三年（前114）置，名高平；新莽为铺睦县治，东汉复称高平城；三国魏废县，前赵为朔州治所；北魏太延二年（436）置高平镇；正光五年（524）置原州，为州治所。隋大业三年（607）原州改置平凉郡，为郡治所；唐武德元年（618）复为原州治所；后为吐蕃占领，其原州治所称故原州，吐蕃曾加以修葺利用。

宋代固原地处宋与西夏交战的前沿阵地，建置的设立和城的建筑主要考虑军事意义。这时在固原设置镇戎军，成为宋代的西北军事重镇，增筑了瓮城和马面。金大定二十三年（1183）升镇戎军为镇戎州。金宣宗兴定三年（1219）发生了大地震，"镇戎城壁、屋宇尽皆摧塌，黎民失散"。至兴定四年（1220），军民两万余人再行修筑。元代，固原的政治中心移往距原州城南20公里外的开成，置开成路，建立了规模宏大、空前绝后的安西王相府，但固原城依旧使用。

明时，固原城的修筑最终形成了内外两重城墙平面呈"回"字形的建制格局。明初景泰二年（1451），朝廷允许修筑固原城，并于景泰三年（1452）把平凉卫右所迁至固原城，设固原守御千户所。明成化四年（1468）升为固原卫。成化六年（1470）设固原兵备道，佥事杨勉整饬固原兵备，增筑固原城，并在南城门镇夷、东城门安边上修建铺楼。成化十年（1474）置延绥、甘肃、宁夏三边总制于固原，总领陕西三边军务。明弘治十五年（1502），三边总制秦纮增筑外关城，城墙上有堞楼，城周有壕堑，周长约6850米，高约12米，设关门口，外为沟池，长宽各约6.7米。开有四道城门，南镇秦、北靖朔、东安边，复开西门称威远。与外关城相比，原城址即为内城，修筑的外关城基本上奠定了固原城的格局和形制。明万历二年（1574），三边总督高荐文、石茂华主持衣砖甃城，即用砖石砌护墙体外表，并增筑了角楼、铺房、炮台、水沟、车道及城墙顶部外沿，加修了作战用的垛墙，还修建完善了各道城门，东城门三，冠名者二，曰安边、曰保宁；南城门四，冠名者二，曰镇秦、曰兴德；西城门二，冠名者一，曰威远；北城门一，冠名者一，曰靖朔。这次修缮的砖包城，成为明清时期西北地区的名城。清代，朝廷继续对古城加固修缮。民国《固原县志》载，康熙四十九年（1710），"驻固的镇绥将军潘育龙增修固原城，并加修大小城楼24座"。嘉庆十六年（1811），固原总督那彦成，"役募夫近万人，用帑五万余金……向之倾者整，圮者新。垣堞屹然，完固如初"。

1920年地震，女墙倾塌，1929年，当地官绅申请甘肃华洋义赈救灾会以工代赈，修筑缺口，但因款微工巨，仅筑关外东南角砂堤一道，以防水患。1933年，黄兆华团长在此修葺切口，所有雉堞、女墙、炮台、敌楼均加以修缮。民国末年，城瓦楼砖被拆，里城砖垛全无，炮台毁坏，外垛口余 1400 座，门楼、铺楼、水关、水沟、马道或破败或无存。瓮城砖石多刌剥陷落，南门 4 道、东门 3 道、西门 2 道、北门 1 道也已破败。

1972 年，为加强战备，政府开始拆除城砖。到 20 世纪 80 年代城墙墙体基本上被拆除殆尽，只留下了不易拆除的断壁残垣和利用墙体作为羁押犯罪分子看守所的城之西北角。2005 年，宁夏回族自治区人民政府公布其为省级重点文物保护单位，2008 年固原城已申报全国重点文物保护单位，也是中国与中亚五国政府联合申报丝绸之路为世界文化遗产的捆绑申报点。

5 文化交融丝绸路

汉元鼎二年（前115），张骞开通西域通道，史称"丝绸之路"。

固原地处丝绸之路东段北道，其大致走向由西安沿泾河行至今乾县、永寿、泾川、平凉入宁夏境，过三关口 20 公里为瓦亭，折向北，经青石嘴、开城至固原，向北沿蔚茹河（清水河）经三营、黑城，向西北沿苋麻河谷地过六盘山进入海原郑旗乡，经海原县城、西安州、干盐池进入甘肃境内。

汉至宋时，丝绸之路沿用东段北道，过六盘山绕木峡关而走。元时，六盘山道开通，丝绸之路出现了新的主线，由原北道至瓦亭走固原，改为中道由瓦亭至和商铺，翻越六盘山至德顺（隆德）西走金城。

丝绸之路横穿今原州区南北境，出土的大量文物再现了丝绸之路当时的繁荣。

1983 年，在原州区南九龙山汉墓出土了镶松石金饰件，还出土了一组金花饰，其造型风格和工艺，属于西亚金属加工的锤揲法。这说明西亚的金属加工工艺在汉代时已传播到固原。

1981 年，原州雷祖庙北魏漆棺画墓出土了北魏时期的舟形银耳环，其制作工艺系手工打制，足部焊接而成，两耳为铜制鎏金，为加工铆配。它是由一件萨珊式舟形杯改造而成的。舟形杯是萨珊王朝上层贵族宴饮时款待普通宾客的大众化用品。1991 年，原州区三营镇化平村北魏墓出土了嵌松石金耳环，其制作方法采用金页锤揲，经多次焊接而成。

北周是固原历史上发展的辉煌时期。李贤、田弘、宇文猛三位高官的墓葬，出土了大批具有中西亚风格的器物，其中的嵌宝石金戒指、银装环首铁刀等非常珍贵。嵌宝石金戒指原产地是萨珊或中亚某地。银装环首铁刀的佩系方法属附耳悬系法，即在刀鞘一侧上下纵装两个附耳，耳上有凸钉，先固定较细短的刀带，再将刀系于腰带之上，使刀斜悬于腰带之下。这种以耳悬系的方式于 5 世纪由西突厥斯坦发明，至波斯萨珊朝中晚期，即在 6 世纪传入我国，并逐步取代传统的璏式佩系法，成为中国刀剑佩系的主要方法，后又经中国传入日本。

　　北朝时期的固原墓葬中出土的文物，部分来自中亚和波斯地区，尤以北魏漆棺画、鎏金银壶、凸钉装饰玻璃三件国宝级文物著称。北魏漆棺画上的漆画内容和风格颇具波斯特色，并且和中华传统文化中的孝子故事有机地组合在一起，充分显示了中西文化和中国南北文化的融合。

　　隋唐时期，原州西南郊的中亚粟特人史姓家族墓地的发掘，为丝绸之路沿线粟特民族的华化提供了实证，粟特族墓地出土的器物颇具中西亚风格，具有显著的独特性，尤以金银器著称。1987 年原州南郊隋代史射勿墓出土了一枚金戒指，据推测，其是从中亚或西亚传入的。1982 年南郊唐代史道德墓中出土的金覆面，由护额饰、护眉饰、护眼饰、护鼻饰、护唇饰、护鬓饰等 11 个构件组成，其主要部位都用金片打制而成。动物纹圆形金饰直径 3 厘米，单面花纹，边饰一周花瓣，上有联珠纹样。其内亦有一圈联珠纹，并布满小突点。中央为一垂首的动物。动物纹圆形金饰具有明显的中亚风格。

　　原州境内出土的众多中西亚风格的银器，证明了固原在丝绸之路上的重镇地位，反映了中西文化交融的重要事实。诸多萨珊银币、东罗马金币在原州地区出土，说明丝绸之路的商业贸易与文化交流一并呈现出繁荣景象，且蕴含着当时中西亚地区商品贸易、经济往来的大量信息。

　　原州南郊隋唐墓中发现口含或手握金币的葬俗与中亚地区有着密切联系。在墓葬中出土的东罗马金币，出土时均放置在墓主人头部，史道德墓中出土的金币含在口中。口含金币的埋葬习俗与古希腊神话有某种联系。

固原南郊的隋唐墓地，依次为史索岩墓、史铁棒墓、史诃耽墓、史道洛墓、史射勿墓、史道德墓。墓葬形制盛行长剑坡墓道，多天井、单室墓的做法，由封土、墓道、天井、过洞、甬道、墓室等组成。单墓室分为砖室和土洞两类，只有史诃耽墓为砖室墓，规模较大，有石门、石棺床。其余都为土洞墓，其中史索岩墓有石门。史射勿墓的墓道、天井绘有武士、侍从壁画 10 幅，过洞有门楼、莲花壁画，墓室内绘侍女，是一座大型壁画墓，为隋代考古中所少见，艺术价值颇高。唐墓中的史索岩墓、梁元珍墓均绘有壁画。史索岩墓中仅存朱雀图。梁元珍墓的牵马图，风格别致，图的画法增加了人们对唐墓壁画的新认识。墓葬中出土的墓志，具有极高的史料价值，据载史氏墓葬的墓主主要属于中亚粟特侨民，即"昭武九姓"之一的史姓，为研究史系家族在中国的生活状况提供了极其珍贵的史料。

"昭武九姓"之一的史系粟特人家族墓葬，出土了六盒墓志，即"隋正议大夫右领军骠骑将军史射勿墓志""唐故左亲卫史道洛墓志""唐故朝请大夫平凉郡都尉史索岩夫妇墓志""唐游击将军、虢州刺史、直中书省史诃耽墓志""唐司驭寺右十七监史铁棒墓志""唐给事郎兰池正监史道德墓志"，这些墓志显现了丝绸之路上的民族迁徙与交融，为研究粟特人在固原境内随俗而葬后依然保留先祖的某些习俗提供了依据。墓地中还有诸多下层人士的无墓志记载的小型墓葬，体现了墓地拥有人群的多样性。

6 固原古城览胜景

财神楼 位于固原市区南门外过店街南端，从建筑材料、结构、风格看，财神楼建于明朝。光绪四年（1878）六月，财神楼由当地商家捐资重修，南临安安桥，北靠过店街，是原州区重点文物保护单位之一。财神楼基座为城门洞式青砖结构，楼阁巍然坐于石条砖拱的台基之上。基座全长22.3米，宽10.36米，高4.1米；门洞是拱形顶，高3.1米，宽3.3米，门洞南面上端砖刻"五原重关"，北面上端砖刻"天衢""光绪四年六月榖旦，过店坊众会旧修"。基座呈不规则形，西侧主殿基座呈方形，东侧北边向内收，基宽约6.6米，向内收部分约3.7米。沿左侧拾级而上，有镂花石墙，壁面中心砖雕莲花，莲花顶飞翔信鸽，四角饰忍冬纹。下方拱形门洞，高2.7米，宽90厘米。穿过门洞，上方有一龛，宽1.9米，高2.5米。龛内原来供有魁星，绿眼睛红头发，一脚向后，一脚踩鳌，一手抓斗，一手抓笔。楼阁由主殿和厢房构成，主殿是方形歇山顶式土木结构，南北长6.4米，东西宽6.75米，高5.75米；东侧厢房为卷棚顶式，土木结构，长方形，长8.35米，宽4.9米，高5.4米。主殿内过去塑有彩色财神和菩萨像，财神为文官，龙袍相帽，乃魏徵。财神两边有镶金木制对联："昔为唐朝宰相，今做天下财神"。殿内四根明柱上方，彩绘有梅花、菊花、竹子、兰草四君子。现仍然保存着梅花、菊花、竹子三处彩绘。屋顶为筒板布瓦饰兽头,绘有蝙蝠、花草等纹饰。财神楼结构的制作比较细致,楼阁修筑宏伟壮观,是固原保存的唯一阁楼古建筑。

钟鼓楼 都察院右都御史张泰署任陕西三边总制大臣,驻节固原时,在1512年秋至次年冬,扩修钟鼓楼。扩修后的钟鼓楼,"重楼七楹,东悬鼓,西悬钟,规模扩然大矣。楼崇二丈七尺,台如之广二十三丈,厚五丈六尺,皆以砖石围砌。悬靖康时故钟"。整个钟鼓楼形制宏大,雄伟壮观。钟鼓楼下部的高台皆以砖砌,构成特有的共鸣墙,敲击时钟、鼓发出的声音洪亮而悠远。明清两朝驻节固原的文武高级官员,都先后留下了赞颂钟鼓楼的诗篇。

东岳山庙 位于固原城东三里的东山上。从唐代起,东山上就建有寺庙。明时驻节固原的陕西三边总督倡导地方官绅、民众、军士捐资出力,对东岳山庙进行较大规模的复建和修葺,建成"九台十八院,七十二座大殿"的宏大建筑群。1982年,此地恢复宫观寺院,并建成园林式的旅游景点。第一台是山门;第二台有大雄宝殿、地藏殿、观音殿、石佛寺;第三台是鲁班纪念馆、灵官洞;第四台是城隍庙、关帝庙;第五台是药王洞、菩萨洞;第六台是五龙碑;第七台是玉皇楼(实为东岳大帝殿的山门);第八台是东岳大帝殿、子孙宫;第九台是铁绳岭。

宁远塔 在固原县西湖公园的假山上,为实心密檐式砖塔,平面呈八角形。塔身8层,高10余米。塔身各层之间,以叠涩牙子砖挑檐,但出檐较短。除第一层较高外,其上各层

檐与檐之间的距离骤然缩短。第一层檐下正中设一长方形小
龛，无塔门。塔体第二层以上既无门窗，也无小龛，显得十分
平淡、简单。

文澜阁 原名奎星阁。光绪末年，固原知州王学伊见明
旧阁年久失修，便另选新址在内城墙东南角再建奎星阁。现
城墙已毁，但留一锥体土堆，高 12.3 米，阁坐落其上。文澜
阁为六边形三层檐亭式木结构。列柱里外两排，内全柱通至
檐，二柱间童柱托承中檐，各柱之间均以梁、枋联结。上檐
内部为攒尖式，角梁及由戗支承雷公柱和顶部。各层外檐均
用双层飞椽，方形飞椽前端做刹。瓦顶为筒板布瓦。各角砌
脊施兽，各翼角翘起，有南方建筑风格。民国年间，地方文
人又给奎星阁起名文澜阁。于右任为其题联"翠接文澜阁，
瑞应须弥山"。

西湖公园 初名中山公园，俗称小西湖。1944～1945 年，
国民党陆军第十七军军长高桂滋驻节固原，动员全军士兵在固
原内城西南隅清理墙角地基、铲除杂草、平整土地、种植花草
树木、开凿人工湖池、修复西惠渠、引西海子水入城为湖，在
湖心建宛在亭，并从岸边修一木板曲桥直达宛在亭，供游人在
亭内休息、观赏。湖四周分别建有朝曦、夕阴、乐寿诸亭，还
修有凌霄台、安乐窝、憩游别墅、陇关金贵、枕流阁、钓台等
景观。在城墙西南角的顶部建有八角砖塔，名曰宁远塔。西湖
公园占地面积 4 万平方米。园内树木葱茏、花草茂盛、环境幽
静、景色宜人。民国固原县县长叶超为公园题联："震河战岳
作金汤，塞上名城，高平第一；劂石导流成巇塹，陇头胜地，

风月无边。"军长高桂滋也挥毫留下了"清流激湍，映带左右；朝晖夕阴，气象万千"的联语。1959 年，固原地、县机关干部、学生削城墙为假山，栽树种草，维修景点。1980 年，固原县人民政府将西湖公园列入重点维修建设单位，先后增植花木、砖铺园中道路和修建假山石阶，整修园地，挖通假山山洞，将园地拓展到原城墙外侧以西。1985 年，公园在假山上修建了六角亭，新辟人工湖，又在湖区栽植倒柳，修建了曲桥、亭榭，并添置了电动火车、旋转天车等游乐设施。假山北端建起了一道砖砌城墙，门洞顶端刻"原州"二字。1991 年，中共固原县委、固原县人民政府在假山东侧的一块水泥地坪上修建了革命烈士纪念碑。现全园占地面积 6.5 万平方米，其中湖水面积近 1 万平方米。

城隍庙 位于原州区政府街。民国《固原县志·坛庙》载："城隍庙：在县府街。同治兵燹，付之灰烬。时既承平，邑人张国桢、郑希珍等，劝募兴修，始壮厥观。第一级门前，铸铁狮二对蹲左右，右者前腿胯抱小铜猊一，土人称为铁抱铜者，以为奇迹。游人观览，摸挲猊之头面部，经久光明，灼灼耀目。并塑二大偶像，侍立门前左右，望之森然，邑人称为显道神，地震后倒塌。循门进第二级，中建乐楼，东西钟鼓楼。再进建牌坊一。第三级献殿三楹，左右以海、平二县隍神配之。又左右建十阎罗殿，中塑阎罗王及地府判官鬼卒像，情状毕肖。盖神道设教，儆化顽愚之意，改建后颇残废，今为八战区仓库。第四级正中为隍神寝宫，东为子孙宫及神厨，西为道房。"民国《固原县志》还记有"城隍庙木像一座，高三尺。

城隍铜像一座，高四尺。又泥像大小二十四座。子孙宫泥像大小十一座。百子宫泥像大小十一座，均无年月可考"。现在，城隍庙遗迹尚存，但规模已不如前。

固原古城

7 石门须弥山石窟

须弥山石窟是中国十大佛教石窟寺之一，位于原州区西北 55 公里寺口子河（古称石门水）北麓的山峰上，始建于北魏，西魏、北周、隋、唐继续营造，以后各代修葺重建，成为原州规模最大的佛寺遗址。1982 年须弥山石窟被国务院公布为全国重点文物保护单位。须弥山石窟现存石窟 150 多座，分布在连绵 2 公里的 8 座山峰上，自南向北有大佛楼、子孙宫、圆光寺、相国寺、桃花洞、松树洼、三个窑、黑石沟 8 区。北魏石窟集中于子孙宫，以第 14、24、32、33 窟为代表，多是 3~4.5 米见方的中心塔柱式石窟。塔柱四面分层开龛造像，第 32 窟塔柱多达 7 层。第 24 窟塔柱上层龛内雕刻有佛传故事。北周石窟开凿工程向北发展，集中于圆光寺、相国寺区域，规模大、造像精，现存主要窟有第 45、46、51、67 等窟，它们都是平面方形的中心塔柱式石窟。塔柱每面各开一大龛，四壁亦开龛，有的一壁三龛，龛形雕式华丽。第 45 窟和第 46 窟是须弥山最绚丽的洞窟。第 51 窟由前室、主室和左、右耳室四部分组成，主室宽 13.5 米、高 10.6 米，是须弥山最大的中心柱式石窟。后壁通宽的宝坛上并列 3 尊高达 6 米的坐佛，雄伟壮观，是现存北周造像中最罕见的杰作。隋唐时的石窟主要分布在相国寺以北、以西。唐代石窟数量最多，一般 4~5 米见方，沿正壁和左右壁设马蹄形佛坛，造像配置坛上，有 5 尊或 7 尊，多至 9 尊，不另开龛。第 105 窟是一座大窟，俗称桃花洞，主室内有近 6 米高的中心柱，柱四面和壁面开大龛，表现出磅礴的气势。第 5 窟（大佛楼）是一座巨大的摩崖造像龛。龛内倚坐佛像高达 20.6 米，是现存可数的唐代大佛像之一。须弥山保存着造像 350 余身、题记 33 则、壁面 7 处、明代石碑 3 通，是中国古代佛教艺术史上的一笔重要遗产，对于我国石窟艺术和宗教文化的研究，是不可多得的珍贵实物资料。

须弥山博物馆

8 内涵丰厚文化园

固原博物馆，位于固原古城西侧，坐西向东。博物馆建
筑造型独特，气势宏大。主楼坐落于台基之上，是一攒尖顶
宝刹大屋顶，南北侧呈对称阙门样的仿古建筑。进入大厅，
首先是石器文化展厅，其次是早期青铜文化展厅，展出近年
出土的铜、铁、石、金、银等器物 1000 余件，还有风格独
特的青铜器、车马器等。这些是北方系青铜文化的重要组成
部分。固原是古代丝绸之路北道东段的必经之地，博物馆展
有异域文化的遗存，如西域造像及各种类型的陶俑、波斯式
样的鱼鳞甲状的武士俑，波斯艺术风格的北魏漆棺画、波斯

银币等。还有中日联合考古田弘墓出土的东罗马金币，李贤墓出土的鎏金银壶、玻璃碗、金戒指和环首刀等。博物馆内的古墓复原馆展有固原中河的西周墓、彭堡春秋战国墓、彭阳新集北魏墓、固原北周李贤夫妇合葬墓、隋代史射勿墓、唐代梁元珍墓、西吉北宋墓、固原城郊元墓。墓室随葬品、壁画都是复制的。石刻馆的外形建筑为硬山式大屋顶正门，回字形仿古主体。石刻馆集中有序地展示了唐代至明清时期各类石刻、石碑200多件，以明清时期为最多。石雕主要有石人、石马、石羊、石狮、石鼓等。碑刻有中亚粟特人史姓家族墓志、宋代东山寨修城记、清代著名书法家吴大澂的《三关口车路碑记》《董福祥神道碑》等。石刻馆还展有北宋靖康元年（1126）铸就的大钟。

固原博物馆

钱币博物馆　位于固原西吉县城西街，是全国第一家县级钱币博物馆，藏有历代钱币近 10 万枚，堪称"华夏钱币第一馆"。馆内的钱币展览由两部分组成，即窖藏钱币部分和钱币专品部分。窖藏钱币集中展现了西吉县境内多年来陆续出土的 20 多批窖藏钱币，包括汉、北周、宋、西夏等朝代钱币。钱币专品展览馆展示了钱币的精华，共有 3000 多个品种，系列齐全、年代完整。其中有商周时的贝币，春秋战国时期的燕国刀币，楚国蚁鼻钱，魏国共字环钱，秦代的半两，西汉的五铢，新莽时的五铢、货泉、布泉，北朝时期的五铢、永垂万国等，隋唐时期的五铢、开元通宝、乾元重宝，宋辽金西夏时的宋元通宝、至道元宝、圣宗元宝、大安宝钱等，元明清时期的至元通宝（八思巴文）、洪武通宝、万历通宝、永昌通宝、顺治通宝、康熙通宝、光绪通宝等，还有中华民国时期的开国纪念币系列，新中国成立初期的纸币系列等，也有外国钱币，如日本宽永通宝、文久通宝，越南的先中通宝、景兴通宝，沙特麦加的银币等。展品中不乏精品，如波斯银币、元朝通宝银币、东晋丰贷铜币、西夏元德通宝、西夏文安大宝钱、乾隆母钱等。另外，还有一些较为特殊的钱币，如对钱、压胜钱、苏维埃共和国银行发行的革命钱币和解放区发行的"长城银行"货币。

王洛宾文化园　位于泾源县六盘山镇和尚铺村，312 国道和固隆公路交会处，是泾源县重点建设的文化产业项目之一。文化园根据有关王洛宾的传奇人生，以及其对民族音乐所做出巨大贡献的相关史料记载，采用影像演示、实物阵列、游客体验等方式，突出讲述王洛宾在和尚铺拜五朵梅为师，发掘整理六盘山花儿的优美故事。在"王洛宾拜师五朵梅"雕塑背面底座上刻有碑文："王洛宾（1913～1996），原名荣庭，籍贯北京。中国 20 世纪最负盛名的民族音乐家之一，有'西部歌王'之称。所创曲目情音怡神，懿范流光。其所创《在那遥远的地方》和《半个月亮爬上来》被评为 20 世纪华人音乐经典，并荣获国家'金唱片特别创作奖'，被联合国教科文组织授予'东西方文化交流特别贡献奖'。"

孔子文化馆 坐落于东岳山下。2005 年 6 月 11 日，大成殿奠基动工，2006 年 9 月 13 日竣工。大成殿采用砖混木结构，仿清式建筑。规模为五转七型，三面柱廊，明柱十六根。正立面八窗十二门，雕棂套花格扇，浮雕琴棋书画和八宝板环绕，云头雕花板裙，上下两层单翘单昂五彩斗拱八十三攒，栋梁斗拱采用金龙和玺画油漆彩绘，富丽而庄严。大殿为庑殿式屋顶，金色琉璃瓦面，重檐四翘角，六吻十三脊，五十六站角兽，蕴含两个二十八星宿。大殿垂直高 10.6 米，柱外沿长 18.9 米，纵深 8.2 米，建筑面积 155 平方米。大殿山墙两外侧镶嵌扇（谐音善）面砖雕画"桃李满天下""松竹梅寒三友"，意寓弟子三千，贤人七十二及五子登科等内容。大殿基台两层，有九加五级台阶，含九五至尊之意。大台阶护栏采用店洼红砂岩石质，护栏上的浮雕是史称固原十景的图案，即"七营驼鸣""须弥松涛""营川麦浪""蓬沼听莺""东山秋月""西海春波""禹塔牧羊""云根雨穴""瓦亭烟岚""六盘鸟道"。大台阶两侧石刻儒家八德的"仁义礼智孝悌忠信"八个大字，壮观而醒目。九级台阶中间的御阶石镶青色石灰岩深浮雕"麒麟吐玉书"吉祥图案。

皇甫谧文化广场　位于彭阳"世界针灸鼻祖"皇甫谧故里古城镇，西接任山河烈士陵园和小岔沟毛泽东红军长征旧居，东距彭阳县城 15 公里。该文化广场是彭阳县委、县政府为追念先贤、彰显彭阳历史文化魅力而新建的一处大型历史文化建筑。文化广场内有 16000 平方米的场地，场地内有皇甫谧大型造像、皇甫谧纪念馆、仿汉风格大门等。整体建筑雄浑古朴，人物造像栩栩如生。皇甫谧大型造像是目前宁夏境内最高的历史名人石造像。

萧关文化园　萧关是历史上著名的关隘，秦汉时期"秦之四塞"之一，是扼控中原通往塞北乃至西域的雄关。秦始皇曾取道陇西越六盘过萧关首巡天下，汉武帝六过萧关巡边地、察疆域、祭山拜岳，历代诗人对萧关多有吟诵。萧关遗址文化园地处泾源县大湾乡瓦亭村，101 线省级公路穿城而过。文化园一期工程占地面积 60 公顷，投资 550 万元，恢复萧关城墙 50 米，建成两座汉阙门、碑亭、望夫亭、秦楼、萧关文化墙、萧关怀古石雕等。宁夏知名书法家书写的汉代以来描写萧关的 18 首诗词和巨型浮雕构成了一条文化长廊，成为萧关文化标志性景观。

六盘山生态博物馆　位于六盘山国家森林公园小南川、植物园景区的游客集散中心地段，于 2009 年建成。博物馆建筑面积 2100 平方米，陈展面积 1800 平方米，由序厅、植物厅、动物厅、昆虫厅和成就厅五部分组成。博物馆通过高科技手段，将图片、文字、实物、模型等与现代电子媒体相结合，展示六盘山旅游区生态资源的多样性、独特性及六盘山生态建设的发展成就，博物馆具有知识性、趣味性和可参与性，是宁夏乃至西北地区生态科普教育的理想场所。序厅从地质地貌、水系、气候、土壤、植被、植物、动物七个方面介绍了六盘山的基本概况。序厅中央放置长6米、宽4米，比例为1∶10000的椭圆形六盘山国家级自然保护区全貌沙盘模型。沙盘上的山系、水系、公路、铁路、城镇、旅游景点乃至保护区的各个保护站（林场），都能和电子触摸屏及投影仪有机结合，文字、图片、影像解说三位一体；有大六盘生态经济圈所涉及的原州区和西吉、隆德、彭阳、泾源及中卫市海原县的基本情况简介；还有对固原市旅游景点、旅游管理部门、旅游企业、旅游线路和旅游交通、餐饮、住宿的介绍。植物厅采用场景复制和植物、林木标本及文字图板相结合的方式，通过"六盘山古代森林""现代次生植被""国家重点保护植物及特有植物""药用植物""资源植物"五个部分的知识图板和场景复制，用大量的标本结合现代电子手段展示了六盘山丰富多样的植物资源。动物展厅通过鱼类、爬行动物、两栖动物、鸟类、兽类、食肉动物六个部分与六盘山的地理隔离等复制场景展示了六盘山4种爬行动物、5种两栖动物、158种鸟类和41种兽类。动物厅还展出了更新世晚期六盘山区气候进一步变冷以后出现的喜寒动物披毛犀的骨架和三趾马的头骨、齿骨化石，此外，还有国家一级保护动物金钱豹、金雕标本。昆虫厅通过"昆虫的起源""昆虫的形态""昆虫的分类"三部分展示了生活在六盘山的以华北区种类为主的 900 多种昆虫资料和昆虫标本。

隆德博物馆 位于南风山下。博物馆是集展览、收藏、陈列、研究、交流和教育于一体的现代化大型地方性综合博物馆，展馆通过展示"红色革命传统文化""绿色生态文化""优秀民间民俗文化""闽宁协作文化""北方农耕文化"五大文化渊源，诠释了厚德诚信、崇文尚教、负重拼搏、和谐奋进的隆德精神，凸显了固原"红色之旅、书画之乡、高原绿岛、丝绸古城"的四大特色。

9 砖雕泥塑显技艺

固原的民间雕刻分宗教类和世俗类两种，前者以宗教寺院装饰、墓室碑文为表现形式，后者则大量在民俗生活中出现，如居室、生活生产器具以及作为审美的纯工艺雕刻。固原雕刻以木雕、砖雕最为著名，雕刻的纹样一般分为几何纹样、植物纹样、文字纹样、编结纹样、回云纹样及阿拉伯纹样。雕刻的内容以花草虫鸟、图案文字为主，将自然界及生活中各种生动具体的形象加以提炼和概括，通过艺术形象反映出来。固原的木雕分为浮雕、镂刻和立体圆雕三类，多见于建筑的藻井、门窗、柱梁，融古朴、精巧、高雅为一体。另外在居民建筑的垂柱、房墙的码头、大门拱顶上，往往雕有吉祥图案，夸张、粗犷、活泼、明快。作为艺术品的木雕，构思奇绝、工艺精湛，具有较高的观赏性。

自 1989 年以来，固原木雕在北京等地参展的作品有香炉、花瓶、八仙果盒等。被评为"全国十佳精粹"的杨栖鹤的木雕作品《香炉》，在1995年"万博杯"精品展示大赛中获二等奖。砖雕有"捏活""刻活"两种。"捏活"就是先用加工配置的泥巴制成各种图案，然后入窑烧制成成品。"刻活"又分透、浮、阳、阴四刻，是在青砖上用专制刻刀雕刻成各种浮雕画面或图案，再一块块拼接镶嵌在建筑物上形成壁画。"刻活"大多是单块成画。凤岭乡魏世祥家族砖雕已传三世，其《狮子滚绣球》《梅花鹿》《和平鸽》及《脊兽瓦当》等作品造型古朴大方。《狮子滚绣球》在1995年"万博杯"精品展示大赛中获一等奖。

泥塑作品一般没有背景，可以是单个的，也可以是多个形象组成的群体。隆德泥塑艺人杨栖鹤善塑神像，他的足迹遍布名山大川。20世纪90年代，杨氏泥塑艺人创作了《毛主席过六盘》《农村社火》《十二生肖》等泥塑作品。

以杨栖鹤为代表的杨氏泥塑艺人吸收借鉴民间诸艺术之长，融合于自己的创作中，初步形成了具有独特民俗性和地方性的杨氏家族泥塑艺术风格。从1989年至今，杨氏泥塑作品多次参加国内外各种展赛。为纪念抗日战争胜利50周年而创作的《马社火》《武松打虎》《童子戏生肖》系列作品在国内外展出，后被宁夏群艺馆收藏，中央文明办领导观看后给予了很高的评价，并题词"西夏古风"。在2004年中国首届泥人艺术展和2005年中国泥人文化交流展示会上，杨氏的彩塑作品《西夏王》获银奖。2007年3月在中国首届吴川泥塑艺术节暨"吴川杯"泥塑艺术邀请赛中，杨氏的作品大型彩塑

《百年西夏》获银奖，喷沙作品《悠悠回乡韵》获铜奖，《六盘之栖》被组委会收藏。2007 年 6 月，杨氏泥塑艺术第四、第五代传人杨栖鹤、杨佳年被评选为中国民间文化杰出传承人。2008 年，杨氏泥塑艺术被列入国家非物质文化遗产名录。2009 年春节期间，杨氏泥塑作为宁夏国家非物质文化遗产项目代表参加了在北京举办的中国非物质文化遗产传统技艺大展。

10 正月初九耍社火

在中国传统文化中，"社"是指土地神，也指对土地神的祭祀。"社火"是指在节日时人们感念土地恩施的礼俗。汉代分春秋两季祭土地，当时被称为社日，秋社祭祀在后来和中秋活动合并，春社在立春后的第五个戊日举行。后来春社和春节合流，正月初九作为祭祀日。春节期间，民间一切戏剧性文艺活动统称"社火"，举办这样的活动通称耍社火。"社火"的主要活动有舞狮、说仪程、赶毛驴、赶船、马社火、踩高跷、高台等。

舞狮，也叫耍狮子。狮子全身红色，象征火神。传说土神生于炎帝家庭，祖父祝融为火神，故狮子毛色全红。舞狮是"社火"中不可缺少的内容，社火队必须以狮子为前导。在六盘山区人们的心目中，狮子是吉祥威猛的象征。传说狮子在正月入庄进户，有驱逐疫病的作用。舞狮由两个人合作扮演狮子，另一人扮武士，持球逗引。在震天的锣鼓中，武士踢打、

社火

翻滚，狮子扑闪、腾跃，十分威武壮观。

说仪程，指迎春时说的春官词，是流行于六盘山民间社火团体的一种文化表演形式。词句由春官扮演者触景生情、风物譬喻、随口呵成，音调伴着铿锵的锣鼓，高亢嘹亮。仪程词通俗易懂、诙谐风趣，表达了对人们升平进取、吉祥如意的祝愿。

赶毛驴,源于明代故事《柜中缘》。毛驴用竹扎纸糊,分前后两截系在舞者腰上,如骑驴状。舞者的舞动充分展现了毛驴徐行、奔跑、踢跳、倒卧等动作,滑稽逼真、惹人发笑。

赶船,源于明代陈妙常坐船追赶恋人潘必正的故事。妙常为女尼,故又名"陈姑子赶船"。小船用木条、竹条扎成,用彩绸、花朵装饰船舱,用蓝布做船围,布上画波浪图案,表示穿行水中,船舱中有一位美丽的少女,盘腿而坐,含羞不语。撑船老艄公银须飘洒,手拿划板来回划船。

马社火,是根据山区居住分散的地形及地理特点,借助畜力而创造的一种艺术。表演者装扮成戏剧人物,骑在马上,做固定亮相动作,每队至少9个人,前面必有灵官开道,气势雄浑。马社火起源于元末明初,表现出蒙古民族的习性,是汉蒙不同习俗的融合。2008年,马社火被列入宁夏回族自治区非物质文化遗产名录。

踩高跷,俗称"高拐子",早在汉代就有,名为高脚戏,"踩高脚涂面而舞",由巫舞衍化而来。踩跷者挥动蝇刷、扇子、绸帕及其他道具而行,以装扮俊俏、舞姿潇洒为美。踩高跷难度最大的是二人高跷舞,节目有赶毛驴、扑蝴蝶等,常做跳跃、搓步、翻身、跌叉等动作。

高台,宋代就有四人抬神以游的记载,后衍化为多人高台,"造型戏文"以娱神。高台造型在于奇异、独特、美观、形态逼真、动作惊险,有的翩翩起舞,有的飘飘欲仙,具有独特的魅力。现代的高台不是人抬而是车载,用建筑材料制成框架,把扮成戏剧人物的小孩固定在上面,再根据剧情,用道具、花卉、草木、动物及亭榭诸物巧妙伪装遮掩，场面宏大、设计精巧，富有装饰性，给人以真实、奇巧、玄妙之感。

11 文苑奇葩纸织画

文苑奇葩纸织画已有1300多年的历史，是我国特有的手工艺品，与杭州缂丝画、苏州刺绣、四川竹帘画合称为"四大家织"。纸织画受民间草编、竹编的启示，经过艺人与文人合作，于唐朝出现了雏形。宋代时，纸织画远销南洋各埠，成为富贵人家的柜中珍品；元朝以前文字记载不多，仅能从古诗词中有所了解；明朝时期，纸织画有所发展，艺人田艺蘅所撰《留青日札》一书记载，在明代奸臣严嵩家被抄的物品中就出现纸织画《东方朔》一项；清朝时康熙、乾隆皇帝十分喜爱纸织画，宫廷里时有挂屏，现藏于故宫博物院的清乾隆年间的清高宗御制诗十二扇屏风，系纸织画上品。由于纸织画制作工艺精巧复杂，加之战乱以及受传统的"传男不传女、传里不传外"封建家规的影响，彭阳纸织画在历史上的文字记载不多。清末民初至新中国成立，纸织画制作工艺一度失传。彭阳县红河乡雷红霞家中已传承数代，获得真传的雷红霞为了真正将这一民间传统文化发扬光大，她与丈夫赵谦经过不断地探索和技术革新，在传统纸织画工艺基础上，成功研制出竖式织画机，使半机械化代替手工裁制，形成了独具特色的彭阳纸织画，成为当地的艺园奇葩。纸织画是朦胧的手工技艺珍品，集绘画与编织于一体，在素雅、和谐、静穆、朦胧的艺术氛围中，突出表现了中国画悠远、深邃的意境。2009 年 4 月，彭阳纸织画被列入宁夏回族自治区非物质文化遗产名录。《宁夏日报》《新消息报》《银川晚报》《固原日报》及宁夏电视台、宁夏网等 10 多家媒体对此做了专题报道。

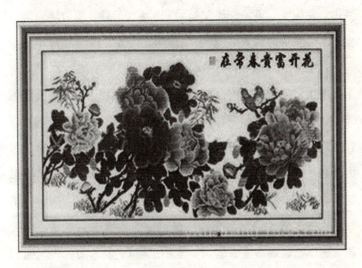

纸织画

12 西海固文学创作

西海固文学的形成始于 20 世纪 80 年代中期，一批毕业于大中专院校的土生土长的青年，通过文学形式表现了西海固的历史文化和现实状况，进而以个性化的方式展示独特生命的永恒魅力。王漫西、陈彭生、虎西山、周彦虎、杨梓、王治平、张铎、兰茂林、钟正平、马存贤等一批在宁夏产生较大影响的青年作家、诗人脱颖而出，他们关注生命之苦难，表现民族之伤痕，出手迅速、起点较高，在宁夏文学界享有"黄土高原派"之称。

进入 20 世纪 90 年代，以石淑清、郭文斌、李方、古原、梦也、左侧统、冯雄、杨友桐、王怀凌、韩聆、李银泮、朱世忠、火会亮等为代表的 50 余位作家、诗人，以独立写作开始向当代文学的纵深处冲击，这股强大的"冲击波"在宁夏文学界产生了巨大的反响，使宁夏文学的中心开始向西海固版图倾斜，他们的作品频繁出现在《人民文学》《诗刊》《十月》《收获》《中国作家》等重量级的刊物上，部分作家引起了国内著名评论家的关注。至此，真正意义上的西海固作家群形成。20 世纪 90 年代中期以后，以杨建虎、单永珍、唐晴、了一容、牛学智、泾河、郭静、杨风军、程耀东、李义、马金莲、王琳松、杨奉宇、雪舟、辛小慧等 60 余人为代表，他们以新鲜的血液加入西海固作家群，使西海固文学呈现出阶梯式推进的趋势，西海固老中青三代作家、诗人同时在文学的舞台上扮演着各自的角色，以不同的写作风格丰富着宁夏文学的百花苑。这种奇特的创作现象让宁夏回族自治区内外评论界惊叹：西海固文学成为宁夏文学的半壁江山。

西海固作家、诗人对小说、诗歌、散文、评论、杂文、随笔、报告文学等不同文学体裁的介入，使西海固文学的形式和内容同时得到加强，每种文体都有一批代表性作家参与其中。西海固作家、诗人出版的较有影响的作品集有：石淑清的

《苦土》《暗处的力量》《开花的院子》《西海固的事情》，火会亮的《村庄的语言》，梦也的《祖历河谷的风》《感动着我的世界》《秘密与童话》，王怀凌的《大地清唱》，杨梓的《杨梓诗选》《西夏史诗》，朱世忠的《秋天开花的梨树》，马存贤的《马存贤中短篇小说选》，泾河的《绿旗》，张铎的《张铎评论集》，韩聆的《边缘感情》，左侧统的《骨萧》，李银泮的《山道少女牛贩子》，火仲舫的《花旦》等。

西海固作家的作品多次在区内外获奖。石淑清的小说集《苦土》获第五届中国少数民族文学奖，短片小说《清洁的日子》获第七届《十月》文学奖，《清水里的刀子》获第二届鲁迅文学奖；了一容的小说《向日葵》获春天文学奖，并于2008年获少数民族骏马奖；郭文斌获鲁迅文学奖、冰心散文奖、人民文学奖等奖项；单永珍获时代文学奖，同时参加第22届青春诗会，成为继杨梓之后第二个参加此会的宁夏诗人；王怀凌获中国2008年度十佳诗人奖。在宁夏文艺评奖中，西海固作家、诗人斩获颇丰，多人多次获得小说、诗歌、散文、评论等方面的优秀奖项。

五 回乡风情

1 回族渊源从头说

元回族 回族定居固原始于元代。蒙古太祖十三年
（1218），成吉思汗和他的儿子窝阔台带领蒙古军，发动了两
次西征。一批信仰伊斯兰教的中亚各族人以及阿拉伯人、波斯
人不断地被签发或自动迁徙到中国来。这些人中有工匠、军
匠、炮手、商人、平民、传教士、学术界人士等，他们被编为
各种亲军、卫军，总称探马赤军，"上马则备战斗，下马则屯
聚牧养"。成吉思汗、蒙哥汗、忽必烈在六盘山或避暑，或驻
跸，大批探马赤军也随之驻扎六盘山一带。忽必烈即大汗位
后，全国政治形势渐趋稳定，探马赤军的作用逐渐降低。于
是，忽必烈在至元十年（1273）下令："探马赤军，随地入
社，与编民等"。1278 年，在开成路置屯田总管府，先后 6 次
有 3 万多人到六盘山屯田。这些人中包括探马赤军及蒙古军

队，他们中有相当多的人信奉伊斯兰教，成为固原回族的先民。另据《多桑蒙古史》记载，蒙古宗王阿难答年幼的时候，由一个回族人抚养长大。由于这个原因，阿难答对伊斯兰教的信仰非常笃诚，他不仅谙熟对伊斯兰教的经典《古兰经》，而且对阿拉伯文也非常精通。阿难答受封安西王后，在其统领的军队中推行伊斯兰教，建立礼拜寺，宣讲伊斯兰教教义，还经常在礼拜寺中诵读《古兰经》。经过阿难答的提倡，其统领的15万军人中，信仰伊斯兰教的约有一半。阿难答还命令对蒙古儿童进行伊斯兰教的割礼，这些信仰伊斯兰教的元朝军人，虽然以后并未全部成为回民，但他们之中有的后代成了固原最早的回民。阿难答曾命马可剌丁每年编写两部回回历书供他使用，其纸张还要用上等的回回纸扎。因此，元代初期的固原，就已经有回族的初期活动和供回族进行宗教活动的清真寺。元末明初，也有相当一部分蒙古人和回族人没有撤回，而是留居下来，被当地人称为土达。

明回族 成书于明万历四十四年（1616）的《固原州志》载，当时固原城内官兵10916名中有土达兵1054名，且有"以军功累至将官者"。这些土达后来大部分成为回民。明朝开国功臣之一的沐英就是回族人，由于征战西北有功，被钦赐武延川（今葫芦河川）、撒都川草场6处，筑城沐家营，后留兰姓、马姓18户居住，他们的后裔定居、繁衍，成为当地的望族。固原地区现有的许多村庄，很多是明代就有的回族村庄，如李旺堡、脱烈堡、丁马堡等。西吉硝河清真寺、沐家营清真寺、兴隆清真寺、单明清真寺、固原黄铎堡南城寺都是明代年间就有的。固原回族迁居外地者也不乏其例。四川省《西昌县民委调查材料》载，今西昌市西郊乡九村有回族聚居，该村马姓族谱记载："我祖乃陕西固原县马家巷人氏，洪武年间来建（建昌即西昌），一名马都贵，一名马代贵，统领乡兵，镇守马、阿、虞一带，管罗家沟"。距九村18公里的六合乡五村有一个叫四百户的回民村庄，其清真寺碑文序言说："我始祖马都贵，自洪武年间由陕至建，住居泸山脚下，至曾祖马之莹，因人烟繁衍，移居四百户，创修寺宇一座"。这些族谱和碑文清楚地记载了明洪武年间固原回族入居四川、种族繁衍的史实。这一时期，回族在居住方面已形成了"大分散、小集中"的格局，并且在饮食、婚姻、礼仪、经名、丧葬等习俗方面进一步规范化。经济方面，回族主要集中在农村，从事农耕生产，兼营畜牧业。城镇回族居民从事小商品买卖、牛羊屠宰业、饮食服务业者居多。

清回族 清朝是回族进一步巩固和发展的时期。乾隆初年任固原提督的杨宏（回族）在任三年，招募回族兵900名，说明清朝中期固原回族人口已有了一定增加。陕甘回民起义失败后，陕甘总督左宗棠把9600余名回族人民安插在化平（泾源），700余户安插在海原南乡，6000余人安插在隆德境内。宣统《固原州志》记，各乡的汉回户数比例为：东乡是汉七回三，南乡是汉五回五，西乡是汉四回六，北乡是汉五回五。按照各乡总户数计算，共有回族6537户，每户以5人计，约有3.27万人。左宗棠在化平川置直隶厅，又设了一个化平营都司，前者管钱粮案讼，后者管地方治安。又将固原州升为直隶州。因固原直隶州和新设的化平川直隶厅都归属于平庆泾道，于是平庆泾道也就改称平庆泾固化道。

回族在清朝政治舞台上也十分活跃。《固原州志》记载的回族文官武将就有 40 人，其中知州等 4 人，中下级武官 27 人，总兵、提督等高级将领 7 人。其中著名的有湖北提督马维衍、甘肃提督马进祥、固原提督马焕和杨宏、广西提督马雄、广西总兵（提督衔）马蛟麟等。回族经济具有以农业为主，兼营畜牧业、手工业和商业的特点。回族农业已十分成熟，不仅农业人口占绝大多数，而且农业经营方式、耕作技术、生产关系与周围汉族及其他农业民族相差无几。畜牧业则以饲养牛、羊为主。手工业以屠宰、制革、农产品加工、刺绣等为主。宗教上如库不忍耶、嘎德忍耶、虎夫耶、哲赫忍耶四大门宦及其支派相继形成并获得广泛传播。伊斯兰教经堂教育遍布六盘山区。在清代，回族人民已经取得了经济上生存的条件，居住在村落和街坊的回族人口逐渐繁盛起来，回族成为固原地区主要的民族之一。

民国回族　民国时期是回族觉醒和争取解放的时期，回族人民积极投身历次革命和进步活动之中。民国初年，孙中山领导的南京临时政府提出"五族共和"，对回族的政治地位给予肯定。但后来国民党政府把回族称为回教，而不是看作一个民族。尽管这样，坚强不屈的固原回族人民先后成立了"回教文化促进会""回教协会""回教公会"等群众组织。尤其是海固暴动的领导人马国瑞于 1938 年成立了回教抗敌工作团，随后他又在李旺堡和沐家营亲自组建了回教抗敌分团。这些组织的成立，坚定了回族群众民族自治的决心。1939～1941年，聚居在固原地区的回族人民，为反抗国民党的暴政、争取生存权利，先后举行了三次武装暴动。国民党政府为维护这一地区的统治，于1942年10月从固原、海原、隆德、静宁、庄浪五县边界沿接壤区划设西吉县。中国工农红军第二十五军的到来和红军长征至此，使回族群众看到了光明。

2 肃穆庄严清真寺

清真寺又称礼拜寺，为阿拉伯语"麦斯吉德"的意译。唐时称"礼堂"，宋元时称"清净寺""净觉寺""真教寺""回回寺"等，明代统称"清真寺"，并沿袭至今。在中国，清真寺一般为宫殿式的建筑，有尖塔圆顶式，也有阿拉伯风格式。清真寺主要由大殿、望月楼、宣礼楼、经堂教育讲堂、浴室等组成。固原地区的清真寺多采用古老宫殿的建筑形式，殿脊隆起、飞檐四出、雄伟古朴、庄严肃穆。有的清真寺庭院数进，宽敞明净、曲栏环绕、松柏碑亭；有的清真寺外形古老雄伟，殿内富丽堂皇、雕梁画栋。大殿深处，拱门飞檐上饰以古体金字《古兰经》经文浮雕，分外肃穆庄严。

硝河清真寺 该寺位于西吉县硝河乡硝河村。相传其创建于明朝洪武年间，万历年间翻修扩建。清宣统《固原州志》附卷《硝河城志》把清真寺作为一景："岑楼清幽：按署后清真寺内，有楼一座，高可凌霄，扉棂洞达。公（州判杨修德）暇偶一登临，亦足荡涤尘嚣，尚为斯邑之胜。"可惜硝河清真寺毁于

1920年海原大地震。1953年该寺再次重修，为砖木结构的起脊宫殿式建筑。寺内整体结构为一进三院，有大殿15间、配房5间、沐浴室3间，但在"文化大革命"中遭严重破坏。1979年坊众集资重建，现有大殿5间、配房9间、沐浴室3间。

三营清真寺　该寺始建于清同治初年，称三营清真东寺，有土木结构大殿及其他用房共30间，简朴古拙，幽雅清静。该寺的经堂教育早年就颇有声誉。1920年以来，虎嵩山阿訇长期在该寺任教长，不仅甘宁青地区，川滇湘桂的回民学子也多有来寺读经求学，有名的伊斯兰教学者马坚教授就是其中一位。20世纪30年代初，学董李万发又倡建中阿新寺，他同马尚云、周德智外出募捐，获资巨万，又得虎嵩山阿訇及乡绅马明三赞助，遂更其制，新起殿宇。时三营清真寺有前中后3院、礼拜大殿面积700多平方米，其他房屋50余间，布局规整、结构紧凑，具有鲜明的古典建筑风格。当时在此就读的儿童及满拉约300名，中阿兼授，培养了不少人才。1938年寺校分离，易名三营清真大寺，并举行了首届高小毕业典礼暨分立高等小学、清真大寺庆祝会，仪式空前隆重，驻军师长马鸿宾和县长胡福同莅会讲话。1958年该寺有保留地对外开放，在"文化大革命"中先被关闭，又被拆毁。1981年由丁吉善、何福忠等人倡导，全坊集资，第三次重建，陆续建成砖混结构礼拜大殿500平方米，净水堂280平方米，讲经堂及宿舍等640平方米，占地4.8亩，为一开阔四合院。三营清真寺大门东向朝街，院内西边高台基之上建礼拜大殿，大殿平顶，前带檐廊，檐廊之上为南北长方形二层楼，最靠边的平顶楼上，南北各建一亭式宣礼塔，塔顶为半球形圆顶，二层楼向东开尖拱形落地窗。墙面是浅色水刷石，明柱瓷砖贴面。该大殿总体设计比例谐调，造型端庄，线条柔和，色彩淡雅素洁。大殿北厢为一栋砖混结构二层楼，上下各 10 间，上层前出廊，屋顶为起脊两坡歇山式。大殿南厢为 7 间净水堂，装有先进的供排水设备和大型燃煤锅炉。东面为临街铺面，共 11 间。寺内另有卧格夫院宅 2 处，建有楼房上下各 14 间。该寺遵行伊赫瓦尼教理。

泾源城关大寺 该寺位于泾源县城东街，是当地最大的格迪目清真寺坊，始建于清同治年间，"文化大革命"中被毁，1986 年重修。大寺占地面积 6140 平方米。大殿建筑风格仿西安化觉巷清真寺的宫殿式建筑风格。大殿共 7 间，"迎风高耸，溢彩流光，庄严肃穆"。南北厢房相互对称，共 16 间，错落有致，院内亭台高耸，亭内有石碑铭文，记述修寺历程，以鉴后人。该寺再建始于 2011 年 11 月 1 日，落成于 2013 年 6 月 2 日，具有阿拉伯建筑风格，共四层，框架砼结构，造价 1300 万元，建筑面积 5200 平方米。城关大寺正面中正，气势磅礴，高耸挺拔，宽敞明亮，可同时容纳 7000 余人会礼，是泾源县有史以来最大的礼拜殿。

北伍家清真寺 该寺是泾源县内最早的清真寺，位于园子乡北伍家村，建于清同治十三年（1874），为宫殿式建筑。同治十年（1871），陕甘回民起义失败后，驻扎于泾源（今化平川）的陕甘回民起义领袖之一的陈霖，向化平川直隶厅通判申请修建清真寺。同治十三年（1874）在县境中心北伍家建起泾源县第一座清真寺，陈霖为首任阿訇。陕甘总督左宗棠为此寺书写了门匾和楹联，门匾在"文化大革命"中被毁，楹联刻在两块长条半圆形的木板上，至今保存完好。上联是"敬长爱亲自求多福"，下联为"型仁讲让同我太平"，落款"恪靖伯题"。清真寺大梁书"修建军功五品花翎阿訇陈霖及化霖抹阁社同立。大清同治十有三年岁次甲戌季夏月谷旦"。

固原南寺　该寺于清乾隆三十二年（1767）始建于固原城内。因城内有六坊回民居住，故曾名六坊寺。同治十二年（1873）遭雷击倾圮，片瓦无存。土人谓此寺破空而去，飞入滇山、洱海间。光绪三十四年（1908），由固原提督张行志重建于城外太平巷上店子，改名为"上店坊清真寺"；1935年又迁建于宋家巷；"文化大革命"中被拆除；1982年由当地穆斯林集资重建。该寺现有大殿5间、南北厢房14间、水房3间，占地面积1980平方米。

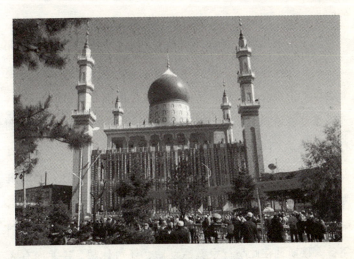

泾源城关大寺

3 先贤陵寝诸拱北

拱北系阿拉伯语音译，原意为拱形建筑或圆拱形墓亭。在中国内地拱北主要指苏非学派的传教士，各门宦的始祖、道祖、先贤等陵墓的建筑。中国伊斯兰教苏非学派各门宦在其创始人、道祖的坟墓上建拱北，始于清代乾隆、嘉庆年间。其建筑形式已与明清时的传统建筑相融合，除墓庐多用阿拉伯建筑圆拱墓盖形式外，附设的礼拜殿、坐静室、诵经堂和居室等建筑多为中国庭院式建筑布局。现当代以来，拱北多为六角形、八角形重檐塔楼，雕梁画栋，底层墙壁为砖雕图案，镌刻有《古兰经》经文和植物花卉。拱北不但是伊斯兰教众纪念先贤的拜谒之地，也是传教、管理教坊、行教及举行重大宗教活动的中心。

二十里铺拱北 是固原嘎德忍耶九彩坪门宦的主要拱北之一，在固原城南二十里，位于银平公路东侧的山坡上。整个建筑依山势而建，集伊斯兰教建筑与传统古典建筑于一体，气势雄伟。该拱北创建于清康熙十六年（1677），乾隆时期有所扩建，《回教先仙碑》中称建者为"回教公"，未署真名。拱北建筑格局为六进式。围墙门第一进为门厅，第二进为院落，第三进为砖坊，第四进为拱北内门，第五进为墓室，第六进为后院。墓室前有殿院，左为客房，右为外院，规制完备。穆斯林在此举行宗教活动后，还可休憩。拱北内有大小三座陵墓，为攒尖顶亭式的墓亭，硬山、歇山等形状的门厅、庭院等，覆以辉煌耀眼的琉璃瓦、飞檐、鸱吻、斗拱、亭刹，这些建筑或伸张，或高耸，轮廓明晰。拱北内无论是墓亭，还是门墙，皆有精巧的雕刻，皆为环纹、龙纹、古线纹等浮雕、高浮雕。同治年间，二十里铺拱北被毁，后由固原提督雷正绾及官绅军民捐资，按原貌修建，依山势分三院，并立铁杆旗一对，雷正绾亲自撰写《重修南古寺碑》，该碑在"文化大革命"时遭到损坏，碑文字迹漫漶，难以辨认，仍立于寺内。1920年海原大地震中，拱北再次被毁，以后又重建。1981年后，回汉群众筹措资金，陆续重建。二十里铺拱北现有大殿、墓庐、经房、浴室、厢房等，已成为固原地区一处著名的伊斯兰教文化人文景观。

二十里铺拱北

沙沟拱北　位于西吉县城东北30公里，地处西吉、海原、固原三县交界的深山之中。沙沟拱北集拱北、道堂、清真寺于一体。其中清真寺创建于光绪三十年（1904），原有大殿、厢房、沐浴室等建筑共25间，占地面积2亩余。寺北侧为马元章讲经传教之道堂所在。拱北占地面积300亩，墓园分布在一座南北向大山延伸地带，丛冢密布、肃穆雅静、气势非凡。民国《西吉县志》将这里列为八景之一的"教陵园地"，"为回教教主马大善人光烈公藏魄之处，园广三百余亩，丛葬二千余冢，多名人哲士，及各省回教徒之墓"。关于此拱北还有诗一首："陵园清幽别有春，吟风弄月好修真。放怀时作千秋想，人抱常同太古邻。愿以淑身兼淑世，可将斯道觉斯民。幸有善哲典型在，呓语何知梦醒人。"

1920年海原大地震马元章遇难归真后葬于此（后迁张家川宣化岗）。沙沟拱北现有砖木结构礼拜大殿8间、沐浴室3间、厢房9间，1985年后再次重修，改大殿为阿拉伯圆拱顶式。

旗杆梁拱北 鲜门作为伊斯兰教虎非耶的一个分支，自建有10多处拱北。在固原地区有两处：一处为彭阳县古城乡挂马沟拱北，一处为旗杆梁拱北。旗杆梁拱北位于西吉县马莲乡赵口村，占地面积5000平方米。拱北门庭有三道：第一门道内为五亭一卷，琉璃瓦盖顶，12根明柱平行直立，四周砖木雕刻华丽，内外迎面墙壁饰有阿拉伯文书法图案，主亭内安葬第六辈教主鲜玉贞（字纯一）的遗骨；第二门道内为中院，设在山门外，中门内并分东西两院，各有住房、客厅等；第三门道内为里院，内有远方上拱的居室、饭厅、灶房等分东西两厢房对称而建。

丁爷拱北 位于海原县城西门外公共坟东侧，与西面的海城李爷拱北遥相呼应。丁万明是虎非耶洪门门宦洪寿林放的海里凡之一，是海原县树台乡相桐川人，曾在海原清真大寺、固原上店坊清真大寺、相桐川清真大寺等地开学。现拱北包括静房、灶房、接待室、沐浴室、礼拜殿等。拱北呈六角形平面，上为圆顶建筑。静房为阿拉伯式建筑，前檐为卷棚，绿色琉璃瓦，屋顶是一组圆拱形绿顶，中间大两侧小。圆顶中间为铁制框架，上面为阿拉伯文，下面书写"海原丁爷拱北"六个大字。静房四周有回廊环绕，静房室内墙上悬挂匾额。整个建筑气势雄伟、肃穆庄严。

九彩坪拱北 坐落在海原县九彩乡九彩坪村的圪垯山巅上，是伊斯兰教嘎德忍耶门宦七辈道祖杨保元、九辈教主杨枝荣等人的墓地，占地面积4000平方米。拱北始建于清同治三年（1864），1920年海原大地震时被毁，后修复。"文化大革命"中，建筑物几乎全遭破坏。1980年后，经过多年修复，拱北基本恢复原貌。这座一进四院式建筑物均以水磨砖雕装饰，重现了当年的建筑风格。进拱北大门，在前院照壁背面，镶嵌有3块石碑，上刻嘎德忍耶门宦道统史所记载的各辈道祖的功德，石碑两旁有对联。二院内建有砖木结构过庭，东西两侧为客厅。三院为水磨石砖雕面的山门，门一般不开，中门两边各有一偏门，中门左壁为砖雕图案，右壁为砖雕海莲花，背面有海水朝阳、月照松林的砖雕图案，山门两侧是墓室。四院为中堂，是拱北的主体建筑，由大卷棚、东西小卷棚、八卦亭等组成。大卷棚后的中八卦（实为六卦，习惯称八卦）内为杨保元之墓。亭下端有砖雕基座，中部左右各有一圆形窗，其图案由阿拉伯文字组成；窗上方四周有吊垂牙子板，有意彩、鸽子头、飞椽、滴水猫头兽背、琉璃瓦等构件；顶部为钻天顶，上置空瓶、新月。小卷棚里有安老真师、丁老太爷之墓，亭后大照壁上有鹿鹤同春图。圪垯山下有古堡道堂，门额上书"清真古教"四字。拱北建有教室、经室、过庭、客厅、水房、库房、灶房等数十间及教主居住楼一座。目前，拱北四周植树 1000 亩，环境清雅幽深。

4 回民起义求生存

田五举义 清乾隆年间，苏四十三领导的反清起义失败后，盐茶厅（今海原县）小山儿人田五（又名田富），通渭县人张文庆、马四娃在乾隆四十九年（1784）四月十五日率众在小山儿起义，于次日攻破西安州城，然后经过裴家堡、沙沟等村堡，于四月二十日扑向靖远城。因城中内应回民被官府抓捕，起义军便东下攻打打拉池。田五在靖远狼山作战时，不幸腹部中枪，乃"自刎身死"。起义队伍推张文庆为首领，马四娃为副，以李可魁、马胡子为前锋，很快控制了盐茶、靖远、安定、会宁、伏羌、通渭、静宁、固原、隆德、秦安、华亭等州、县所属的许多村庄。各地回民纷纷加入起义大军。起义军凭借马家堡、鹿鹿山、底店山、石峰堡等险要地势，重创清军，先后毙其副都统明善，守备福泰、夏治等大员多名。陕甘总督李侍尧"张皇失措，一筹莫展"。朝廷大为恐惧，将李侍尧革职治罪，任命福康安为陕甘总督，命大学士阿桂率重兵征讨。朝廷调来阿拉善蒙古兵 1000 名、四川藏兵 2000 名，从各营中挑选回兵 2600 名、撒拉兵 2000 名，共 3 万多人分 4 路向起义军反扑。六月十一日，清军围攻底店山，马四娃战败，部众数千被杀，起义军退据石峰堡。清军从四面包围过来，并断绝起义军的水源，却仍屡攻不克。当年七月四日是伊斯兰教的开斋节，清军利用起义军会礼之机，攻陷了石峰堡。这次回民起义最终失败了。

同治年回民起义　同治元年（1862）八月，太平天国进军陕西，固原回民杨祥、杨大娃子在石家沟口（现彭阳县沟口乡）、七营一带起事响应。他们联合平凉穆生花、陇南纳三，占领固原南部的瓦亭，切断固原与平凉的交通。平凉东关回民军猛攻平凉城，清军游击张悦等率兵由固原增援，行至白土口被回民军击败。此时，平凉知府田增寿于城内屠杀无辜，地主团练武装趁机掘穆生花祖坟，并焚骨扬灰。此举激起平凉、固原回民群众的极大愤怒。同治二年（1863）正月初一，回民军一举占领固原城。平庆泾道员万金镛被回民军杀死，知州马维岳献城投降，其他官吏亦多被回民军武装镇压。

固原城失守，清廷震惊，令陕甘总督调延绥镇兵 1000 人、归化城兵 2000 人，由陕西定边驰赴固原。同治二年（1863）二月初，清军凉州镇总兵万年新驻防盐茶厅城率部增援固原，行至李旺堡被回民军包围，万年新兵败被杀。同治三年（1864），清廷任命长江水师提督杨岳斌为陕甘总督，刘蓉督办陕西军务，都兴阿督办甘肃军务，调遣楚军将领雷正绾、陶茂林、曹克忠等,分别担任甘肃提督和总兵等职,集重兵进攻固原、宁夏等地回民军。雷正绾与陶茂林部奉命入甘后,先以平凉为主攻目标。是年四月,纳三率平凉、固原回民军万余人前往阻击,战斗失利,杨自明等数千人阵亡。同年七月,平凉失守。军事要隘瓦亭也相继失陷。当清军即将攻陷平凉时,回民军王大桂、张保隆叛变,诈称增援平凉,途经固原骗开城门,固原城失守。盐茶厅城亦被"献缴"清军。隆德、静宁两州县的回民军,亦闻讯而退。同治三年(1864)八月,陕西回民军孙义保又夺取固原城,自立镇西王。同治四年(1865)二月,雷正绾围攻固原,回民军元帅马得功战死,城陷,孙义保率3000余人退守黑城子。清军束草填壕,放火攻城。孙义保北退同心。同年六月,总兵雷恒、副将李高启等与降清的杨大娃子、赫明堂(陕西人)等占领固原。同治五年(1866)二月,白彦虎从董志原派人攻占固原城。同治七年(1868),陕甘总督左宗棠分三路进剿回民军,驱赶陕西回民军入甘肃。同治八年(1869)二月,白彦虎并十八大营为四营,经环县、固原向金积堡靠拢。左宗棠令雷正绾军从平凉经石家沟口、古城,周兰亭军从镇原萧金镇经瓦亭,进攻固原。白彦虎退守三营、黑城一带。同年九月,回民军撤向金积堡,固原全境被清军占领。回民军在固原境内与清军对抗整七年。

海固回民暴动 1939年1月15日,沙沟、白崖、上店子一带的回族人民在宗教上层人士马国瑞、马国璘兄弟和阿訇马银贵、农民马喜春等人的领导下举行了第一次暴动。他们在四乡张贴布告,内容为:"官逼民反,不得不反,回汉同胞,真心实意，努力向前，救国救民，除害安民，杀官劫库，无论汉回，无分新老，不分军民，一体同仁"，并提出"暴政之下，不做顺民""反蒋抗日，寻找民族出路""杀贪官，灭土豪，打富济贫"和"自己武装自己"等口号。各地回民纷纷响应，10多天即聚众8000多人。经整编，马国璘任司令，马国琮、马银贵任副司令，马国璠任旅长，并按地区编成6个团。起义军兵分两路，分别攻打隆德和固原县城，因当地早有防备，未能得手。当马国璘率队伍返回时，在六盘山套马庄与民国政府军队遭遇，歼其一部，起义军也有较大伤亡。甘肃省主席、国民党第八战区司令长官朱绍良看到难以用武力消灭起义军，便采取由回族上层官员组成的"中央宣抚慰问团"骗降起义军。由于起义军缺乏经验，轻信诺言，后来队伍自行解散。

1939年5月29日，马国瑞被推举为司令，马喜春任旅长，聚众4000多人，再次暴动。6月4日，起义军在六盘山下和尚铺与国民党军队的一个团遭遇，苦战一昼夜。随后，起义军向泾原黄花川、白面河转移。国民政府调集大批兵力设置包围圈，并再次派来由回族上层人士组成的"甘肃省政府代表团"到白面河，进行政治诱降。国民政府对起义军完成铁壁合围后，立即用飞机、大炮、机关枪向起义军坚守的阵地狂轰滥炸。经过13昼夜激战，起义军领导人马国瑞、马喜春等相继阵亡，起义军只剩下2000余人。腿负重伤的马思义指挥起义军趁夜分散突围。第二次暴动又失败了。

1941年5月3日，马国璘、马思义等人第三次起事。数月间他们汇集2000多人，整编成一个团，马思义任团长。5月中句，当队伍行至大麻山时，国民党军队尾追而来，队伍凭借有利地形伏击敌军，取得胜利。大麻山之战后，队伍又回师沐家营，但是起义军终因械弹无补、给养无着和缺乏明确的目标而濒临失败，队伍很快减至1000多人。在生死存亡的危急关头，马思义提出把队伍带到陕甘宁边区，投奔共产党。而马国璘和许多群众对于共产党的民族宗教政策不了解，存有疑惧心理。最后，马思义只说服了200多人与他一道于1941年6月9日开赴边区，加入了革命队伍，并组建成回民抗日骑兵团。

5　民间文化唱弹跳

花儿　花儿是产生并流行于甘肃、宁夏、青海、新疆等地区的一种山歌，唱词浩繁，文学艺术价值较高，被人们称为"西北之魂"。回族群众喜爱花儿，是花儿的创造者、演唱者、继承者和传播者。"花儿是心头肉，不唱由不得自家"，可见回族对花儿的喜爱程度。流行于固原地区的花儿主要有两类：河州花儿和山花儿（俗称"干花儿"）。河州花儿委婉动听，基本调式和旋律有数十种，变体甚多。形式上有慢调和快调，慢调唱起来高亢、悠长，曲首曲间和句间多用衬句拖腔，旋律起伏大；快调相对紧凑短小。河州花儿多为五声徵调，在文学上自成体系。一般每首词由四句组成，前两句常用比兴，后两句切题。字数上单双交错、奇偶相间，不像一般民歌那么规整，故更加自由畅快。山花儿在旋律上起伏较小，较多地应用五声羽调和角调，衬词衬句使用较少，段尾或句末用上滑音。在文学上山花儿除具有河州花儿的一些特征外，还派生出一些变体，有时也采用信天游或一般民谣体。演唱形式有自唱式和问答式。花儿音乐高亢、悠长、爽朗，民族风格和地方特色鲜明。不仅有绚丽多彩的音乐形象，而且有丰富的文学内容。花儿反映生活、爱情、时政、劳动等内容，用赋、比、兴的艺术手法即兴演出。虽然大部分花儿的内容与爱情有关，但在歌颂纯真的爱和控诉封建礼教及社会丑恶现象给恋人造成生死苦难的同时，深刻反映了社会生活的各个方面。花儿语言朴实、鲜明，比兴借喻优美，有较高的文学欣赏和研究价值。20 世纪 80 年代，花儿的演唱形式已发展到花儿歌舞剧。西吉县文工团创作并演出的《曼苏尔》《金鸡姑娘》《林草情》《花儿四季》等开创了花儿歌舞剧的先河。《曼苏尔》在银川演出后，曾在全国各地巡演，并在 1980 年 9 月参加了全国少数民族文艺汇演。《花儿四季》在 1991 年参加了宁夏国际黄河文化节演出并引起重视，1992 年应文化部之邀进京演出，1993 年又赴日本演出。

口弦　口弦是回族民间小乐器，用竹片削成三寸多长的瓶形弦身，中间刻一舌簧，弹奏时舌簧一端轻轻放入双唇间，用丝线吊穗扯动另一端，发出"嗡嗡"的响声。按照口形、气力的变化，口弦可以弹奏出各种曲调，有的似山泉淙淙，有的犹如喃喃燕语。据说，回族妇女在旧社会深受封建礼教的束缚，"家女不见外男，青丝不见青天"，只好用梳头的破篦子背，做成一头宽一头窄，中间有个簧，两头扯线的乐器来消忧解愁，这就是后来的口弦。

柳笛 柳笛俗称咪咪，是春季柳条发芽时，截没有枝节的、表皮细滑的柳枝，用力一拧，使木质与枝皮分离，抽出木芯，再将筒状外皮挖刻四到六个发音孔，像吹竹笛似地吹奏。

回族音乐 回族音乐包括经堂音乐和民间音乐两大类。经堂音乐是指回族穆斯林在礼拜和各种宗教活动中咏诵的《古兰经》和赞主词，是在继承伊斯兰教传统音乐的基础上发展而成的，既有伊斯兰教音乐的特点，又有回族自己的特点。虔诚的穆斯林每天都用高亢、优美、洪亮的音调进行五次礼拜，加上主麻聚礼、三大节日会礼等重要场合的赞圣等，创造了独具特色的回族穆斯林经堂音乐。民间音乐中，花儿是回族人民喜爱的一种高腔山歌，被公认为最具代表性的回族民歌，花儿以其优美的旋律、缠绵的意绪在其他民歌中独领风骚，是祖国艺术百花园中一朵绚丽的奇葩。

踏脚 踏脚是流行于泾源县回族群众中的一种民间武术，也是一种传统的体育活动。踏脚的对抗性强，其动作方式与跆拳道相似。踏脚有平踏、后转、扫脚、裹脚、顶脚、连环转、高转、跌脚、关后门、燕式平踏等。青年小伙子们以两至三人为一方，或者更多一些，展开1对1、2对2、3对3的对抗，甚至是更多的人的踏脚比赛。其基本规则为：运动员只能用脚掌蹬踏或以脚的内外侧和脚后跟扫打对手，严禁用脚尖、膝盖踢人、顶人。除头颈、下部外，身体其他部位均属攻击目标。双手只起平衡身体的作用。如果被对方蹬倒或招架不住而退场，便被认定为失败。1992年和1996年泾源县曾两次代表宁夏参加全国少数民族体育运动会，并获得表演一等奖。

回族踏脚

6　伊斯兰文物遗存

阿文银币　海原县文物站藏有数枚刻着阿拉伯文字的银币，其形状略呈圆形，最大直径2.1厘米，最小直径1.5厘米，厚约0.12厘米。银币用打制法制成，币的正面有阿拉伯文"安拉"字样，汉意为"真主"；背面亦为凸起的阿拉伯文，汉意为"万物非主，惟有真主，穆罕默德是主的钦差"。这些银币很有可能是成吉思汗和他的儿子窝阔台带领蒙古军队两次西征，强迫大批西域国家的回回军队、工匠和平民到中国来服役。西域人在离开自己的国土时，也带来了自己国家通用的钱币，由于在中国不流通，只好珍藏起来。如今银币被发掘出土，弥足珍贵，也填补了回族本民族钱币使用的历史空白。

阿文宣德炉 阿文宣德炉高6.0厘米，口径12.5厘米，敞口、平折沿、沿面较宽、束颈、颈内有双凹线弦纹、鼓腹、腹部雕刻制成三组菱形开光的阿拉伯文字。文字周围则用细小规整的珍珠纹铺底；炉底平阔，炉底中央镌铸两行四字"大明宣德"双龙环抱印款；炉有三足，足的形状仍保存了西周鼎足之束腰似蹄足。从其制作、造型、铜质以及工艺上看，阿文宣德炉十分讲究，整个造型华贵丰腴、优美流畅，堪称民族文物的珍品。此炉的器壁铸作厚实、匀称，经测含铜70%、锌27%，是由一种鲜为人知的瑜石铸造而成的。因瑜石有类似于黄金般的色泽，光亮耀目，在信仰伊斯兰教的国家中极受重视，因而多被用来制作宗教用的器物，如熏炉、香炉等。瑜石从丝绸之路传入我国，被当作贡品，大量用于烧制宫廷器物。

阿文陶香炉 阿文陶香炉是1981年古城镇挂马沟村民在平田整地时挖出的。香炉为泥质红褐陶，手工捏制而成，高8.5厘米、口径14.3厘米、腹径14.5厘米、底径10.5厘米，侈口、束颈、方唇、腹微鼓，腹部有对称的手鋬，便于行走时用手端。底部有微微凸起的三足。香炉有正、背面之分，正面平素光洁，阴刻阿拉伯文，字体婉转圆润，意为"崇高的安拉是主宰，化育的安拉唯安拉"；背面满布附加堆纹，粗糙不平。此香炉很有可能是当地回族早期祈雨的实物遗存。

阿文黑釉碗 黑釉碗出土于海原县城。碗口径14.2厘米，足径5.0厘米，高5.6厘米，施黑釉，圈足与碗内中心部位不施釉，露米黄胎；碗内有用釉点缀五点梅花的装饰，并用朱砂以碗心为圆旋转书写"泰斯米"和求护词，即"比斯米拉

阿文陶香炉

希，拉赫玛·拉希米"，根据经注学家的解释，前者指安拉在今世对万事万物广施恩惠，后者则指安拉在后世仅施恩于穆斯林中的信仰坚定者和行善者。故全句旧译为"奉普慈今世，独慈后世的真主的尊名"。这件黑釉碗是研究中国西北回族生活风俗习惯的珍贵文物。

阿文"阿领"镇纸 镇纸征集于海原县民间，呈方墩形，上方有斗形槽，可盛小件文房用具。下方有四足，正面阳刻阿拉伯文"阿领"，周围点缀伊斯兰风情的串珠纹装饰，上部雕有分割线和曲折纹饰；背面用同样的装饰手法阳刻阿拉伯文"清真言"；左右两侧对称雕刻有汉文篆字。镇纸总体雕刻刀工娴熟，线条流畅，是用质地较软的玉制做而成的。镇纸已被列为国家一级文物。

阿文景泰蓝钫瓶 钫瓶高 29.6 厘米, 口径长 12.5 厘米, 宽 8 厘米, 足径长 9.6 厘米, 宽 7.6 厘米。整体形状为方筒形, 酷似汉代的钫。腹部正面有椭圆开光的阿拉伯文, 汉译为"穆罕默德是真主的钦差", 字内用蓝色釉, 空间为浅蓝色釉铺底, 椭圆开光的边用红色釉, 椭圆的周围用粉红、黄两种色彩的牡丹填补。钫瓶以蓝色阿拉伯纹作主题纹饰, 周围又采用了浅蓝色, 象征着太空与宇宙的穹苍与神圣。据专家推测, 这件阿文景泰蓝钫瓶可能为驻节于六盘山地区的元安西王府或明沐王沐英府内用品。现存于海原县文物工作站。

7 清真饮食泛馨香

盖碗茶 回民家来客多用盖碗茶招待。先将盖碗擦洗干净, 盛上茶叶和佐料, 揭开茶盖半遮掩, 将开水注入盅碗内, 冲出一圈一圈浪花, 泡约 5 分钟, 双手递给客人, 并说"请喝茶"。客人饮茶时边喝边"刮", 不得用嘴吹或吸出声响, 否则被视为不懂茶礼。客人喝茶时, 常留茶叶, 不一次喝干, 而是边喝边添。喝茶人左手擎着托盘, 右手大拇指和二拇指抓住盖碗, 第四指卡住盖口, "刮"一下, 喝一次, 茶露汤色, 常喝常有, 清香爽口, 连绵不断。这一套茶事活动, 贯穿了"轻、稳、静、洁"的饮茶礼节。"轻"指冲、刮、喝要轻, 不得出声; "稳"指沏茶要稳、要准, 落点准确, 一次沏妥当, 似"蜻蜓点水", 不浅不溢, 不漫不流; "静"指环境优雅，窗明几净，无干扰，无噪音，凝神品味；"洁"指茶碗、茶水清洁卫生，一尘不染。回民日常饮茶以糕点、果糖、瓜子伴之，叙谈友谊，洽谈生意，吟诗作赋，说古论今，清雅文静，其乐无穷。所以说茶有修身养性、升华人格、净化心灵、增进友谊的功能。唐诗中有"客至茶烟起，禽归讲席收。浮杯明日去，相望水悠悠"之句。回族人在三大节日（开斋、古尔邦、圣纪）聚众茶宴，老幼品茗，更富有情趣。油香、馓子金黄亮润，盖碗茶水清甜爽口，大家谈笑风生、说长道短、共享太平之乐。盖碗茶多由糖、茶、红枣、核桃仁、枸杞、元肉等配成，本身就是"长寿果""益寿果"，营养价值很高。所以各类盖碗茶对强身健体大有裨益。回民多有长寿者，或与喝盖碗茶有关系。

九大碗　九大碗是回族在过圣纪、订婚结婚、招待重要客人等重大活动时做的正宗筵席。九大碗因场合不同而有所区别，在过圣纪、结婚等重大场合时，九大碗一般包括红烧牛肉或头蹄、牛肉烩白萝卜疙瘩、牛肉烩红萝卜疙瘩、牛肉萝卜丝、牛肉烩粉条、红烧牛肉粉条、酸杂烩、八宝甜饭、牛肉丸子。家中招待客人时，九大碗有蒸鸡一碗、炖鸡蛋一碗、豆腐一碗、萝卜烩肉两碗、丸子两碗、凉菜两碗，大多用烩、蒸、煮、拌、炖烹制。原料以牛、羊、鸡肉及萝卜、白菜、粉条、鸡蛋等为主，主食则配以油香、蒸馍、花卷、米饭等。现在的九大碗中，鸡鸭鱼肉、各种蔬菜等样样俱全。回族人九大碗的上席顺序及摆法颇有讲究，大筵席上的九大碗顺序是：肉烩萝卜菜、红烧肉、粉条烩肉、一酸（酸杂馅）、一甜（甜饭）、一丸（烩肉丸子）；家庭中的九大碗，每碗大小相同，排列成每边三碗的正方形，从不同角度看，都成三行，有人叫"九碗三行"。

烩小吃 烩小吃是回族民间传统小吃。将羊肉剁成细末调入食盐、花椒水、葱、姜末、五香调料，再加水淀粉搅拌均匀，将炒蛋皮一张放在案上，将肉馅的部分摊在蛋皮上，抹一点水淀粉，上面再盖一张炒蛋皮压实，然后切成旗花块，俗称"夹板"，将肉馅的另一部分制成丸子，用油锅将旗花块和丸子全部炸成金黄色。再用汤锅盛鲜汤上火，开锅以后将"夹板"、丸子、葱、姜、蒜以及花椒等味粉调料一起下锅，也可适当加点辣油。

烩羊肉 烩羊肉是回族民间传统筵席十大碗之一。其特点为汤鲜肉烂。将熟羊肉切成长1寸半、厚1分的大片，放入盛鲜汤的炒锅内，调入香菜、粉丝、姜末、花椒粉等，快出锅时调入味精，装碗即成。

烩羊杂碎 烩羊杂碎是回族风味小吃，系由羊的头蹄内脏烩制而成。先将羊头蹄燎尽毛，心、肝、肠、肚用开水烫洗干净，羊肺反复灌水洗至洁白色，再灌入洗去面筋的面糊，使羊肺扩张，挂起控去水分，然后将洗干净的头、心、肝、肠、肚、肺一起下开水锅，除去浮沫，加各种香料，使其咸淡适中，煮熟后捞出待用。烩羊杂碎时，将头、蹄、心、肝、肠、肚、肺均切成厚薄粗细均匀的线丝，下入原汤，调入葱、姜、蒜、红辣椒、味精、芫荽等即成。烩羊杂碎的特点是汤辣肉嫩、肥而不腻、味道鲜美。经营者持一口铁锅，随时为顾客烩制。中医认为，吃羊杂碎可以补五脏、提神气、开脾胃、健筋骨。

手抓羊肉 手抓羊肉是回族食品。将全羊分为前腿、后腿、背、肋、脖等大块，用冷水浸泡去血水（若是新鲜羊肉，洗净即可，讲究连血水一块儿煮，据说这样更香），放入清水锅中煮，待水开后，去除浮沫，放入葱、姜、花椒、大料及盐，煮熟后趁热捞出，用手一块块撕下蘸着醋、蒜末、酱油、香菜等调料吃，或直接就着蒜瓣吃，还有手抓羊羔肉，与手抓羊肉吃法相同。

小吃

回族饮食禁忌 回族饮食禁忌最明显的便是禁食猪肉，但凡接触过猪肉、猪油的锅、碗、盆、筷也不能再用。回族禁食一切自死禽畜、动物血液。除作药用外，也不吃一切面目凶恶、丑陋、怪异的动物，如虎、狼、豹、狸、狮、猴、熊、鹰、乌鸦、喜鹊等，也不吃骡、马、驴肉，只吃反刍、偶蹄、食草类性情温顺的牛、羊、骆驼、兔和食谷物的鸡、鸭、鹅等。凡是可吃之禽畜，也须请清真寺的阿訇或有经学知识（回民称为有"尔林"）的人来宰，宰牲忌说"杀"字，而说"宰"。宰牲前三天要将禽畜单独关在洁净的圈舍饲养，不再喂食，只给清净的水，以免其吃进不洁之物，既空其腹又利于洁净，故一般又将宰前的禽畜叫"空鸡""空羊"。宰牲时须用绳子捆绑牲畜的两条前腿和一条后腿，用毛巾蒙住或用手遮住其眼睛，并将其摆成头南尾北面西的位置；宰牲的刀要快，以免牲畜受罪。宰牲时必须先念"泰斯米"（阿拉伯语的缩略音译，意为"以真主的名义开始"）及有关经文，然后很快切断其食管、血管、气管，控净血液，再剥皮或拔毛。家禽切断喉管后，一般习惯将其头朝后折进两个翅膀中间，不能用开水烫皮去毛。对于野生可吃动物的猎获，只要在打猎前净过身，射击时口里念过"泰斯米"，即表示已经宰过。回族对吃海鲜也有很多讲究，不吃形状不端的水族，如螃蟹、鲨鱼、乌龟、乌贼、鳖等，而吃有头有尾、脊有刺、腹有翅、身上有鳞的鱼，如鲤鱼、鲫鱼、草鱼、鲢鱼等。吃鱼可以不宰，因为鱼的血气在水里，离开水便已经无血气了；回族群众还有一种解释，鱼是伊斯兰教的圣人已经宰过的，无须再宰；还有一种说法，鱼鳃便如刀宰过一样。除给年老体弱者补养身体可以吃尚未长毛的幼鸽（俗称鸽雏）外，回族一般也不吃鸽子肉，传说鸽子救过穆罕默德，回族有"吃鸽子肉要用金刀来宰"的说法。回族反对抽烟喝酒，回族谚语有"抽烟喝酒，跟着伊布里斯（阿拉伯语的音译，意为"魔鬼"）走。"在节日或举行宗教仪式的宴席上，更是忌酒忌烟。

8 服饰婚丧话乡俗

回族服饰 在接受现代文明的同时，固原当地回族仍然在服饰上保留着传统的特点。受伊斯兰教教义的影响，回族服饰总体上崇尚白、绿、黑三色。服饰品种方面，男女服饰差别较大，主要是头部装束。举行宗教活动时有专门服饰、经袍等。

回族服饰主要包括以下几个方面：①头部。多戴白帽。白帽即当地回族男子戴的无檐小帽，又称号帽，以黑、白两色为主，也有蓝、灰色的。造型以圆为主，也有六角或四角形状，还有六角尖顶形状。这与回族礼拜叩头时方便有关。白帽做工讲究，或者花纹装饰，或者刺绣。②撮口帽与盖头。撮口帽与盖头是回族妇女的主要头饰，当地回族妇女头部一般戴撮口帽，或搭围巾与盖头。撮口帽是婚后妇女常用的帽饰，以白色为主。围巾是过去当地很流行的妇女装饰用品。盖头是当地妇女最有特点的头部装饰，不同年龄段的妇女有不同的要求，通常有未婚、中青年与老年之分。一般少女戴绿色，已婚妇女戴白色，老年人戴黑色。在样式上，老年人的盖头较长，要披到背心处；少女和媳妇的盖头较短，只披到肩上。按照《古兰经》的规定，妇女的头发、耳朵、脖颈是羞体，容易引发异性的邪念，所以穆斯林妇女把头发、耳朵和脖颈都遮掩起来。因而便有了回族妇女戴盖头的习俗。现在的盖头很讲究，有的是丝花边，有的是淡雅明快的刺绣风格。③身部。男子上身多为白衬衣，黑色坎肩。冬天农村最适合用羊皮袄，俗称"老羊皮袄"。妇女上身一般穿大襟衣服，右衽，纽扣由自己制作，拼对兜裙，拼对坎肩。老年妇女也有绑裤脚的讲究。随着时代的进步和社会经济的发展，回族人民的穿着也在发生变化，体现了文化方面的某些融合。④脚部。回族男子的鞋，大多手工制作，麻线纳底，条绒做面，有圆口、方口和松紧口之分。冬天有穿毡鞋的。妇女喜欢穿绣花鞋，袜子底部和鞋垫也绣花。同服饰一样，回族的鞋，也体现着时代特点。⑤修饰。当地回族男子注意修饰自己的面部，尤其是胡须；妇女喜欢戴耳环和首饰，有些愿在眉心上部额头处"点眼子"，即刺皮肤以示装饰，显得很别致。现代社会，装饰品极为丰富，为回族妇女佩戴首饰带来了更为便利的条件。

回族婚俗 首先，提亲。通常，是男方父母请媒人去女方家"提话"，女方中也有热心的老年人愿意担当媒人，她们认为说成一桩婚事等于做了一件善事。媒人择日带上礼品前往女方家，向其父母说明来意，并详说男方家的家庭情况、经济状况等。女方家同样请媒人去男方家察看和了解其家境状况。若同意，男女方即可见面。女方如果收下男方馈赠的礼物，就意味着接受这门亲事。这时，就可选择吉日定亲，称"道喜"。

回族提亲不"合八字"。

其次,说"色俩目",即"定亲茶"或"道喜",也就是订婚。男女双方父母以说"色俩目"的形式,商定子女的婚姻大事,包括聘礼及其他物品的商定。定亲茶一般选择主麻日(星期五),场面很隆重。男方带彩礼到女方家,女方家以较高规格的宴席热情招待。双方家长当着众亲属的面互道"色俩目",女方家即表示不再把女儿许配给他人,这叫"定亲茶"。订婚当天,男方家要备办 10 斤左右的牛羊肉、20 个大馒头、20 个或 40 个糖茶包,还有一定数量的衣物和化妆品等。

再次,婚约确定后,男方要纳双方都能接受得了的聘礼和聘金,由一位阿訇相陪男方父母或嫂子、婶子到女方家;女方家也请一位阿訇在家里迎候,双方都要互道"色俩目",共同商定结婚的具体事宜。

最后,完婚。完婚,是回族青年男女双方的婚姻大事。结婚的日期,一般都以主麻日或主麻日前后两日、农历双日为佳期,包括婚前准备、娶亲、念"尼卡哈"、闹洞房、摆针线、认干娘、回门等环节。届时,新郎新娘不但要洗"大净",新娘还要化妆美容;娶亲要早,主要担心新娘路上遇到孕妇,途中若遇到另一家娶亲人马,新娘子要互换腰带,以防"冲喜";泾源县回民娶亲时,男方家还要请一位结婚不久的新媳妇去接亲,并且带上核桃之类,到女方家后,撒到院里。新娘子娶到家门口,新郎要围着接亲车绕一圈,故意碰车一下,叫"撞亲"。结婚仪式的最重要环节是念"尼卡哈"(结婚证书),

阿訇先诵读《古兰经》，并当着双方的长辈证人，让新郎新娘念作证词，出示结婚证书，大家接"都哇"（祈祷词），典礼仪式结束。这时，大家将早已准备好的枣子、糖果、核桃等撒向新郎新娘，以感谢真主赐良缘，向新郎新娘祝福。然后大宴宾客，新郎新娘向亲友致谢。此时有当众借机称赞新娘嫁妆者，称为"表针线"。婚宴一般以"十大碗""九碗三行"为宴席菜，主要是牛肉、羊肉、鱼等。

此外，晚上还要闹洞房，以增添欢乐和喜庆气氛。第二天新郎的嫂子要将热水和汤瓶放在门口，以便新郎新娘起床淋浴。早饭后，有人领着新娘认婆家老小。婚后第三天，新郎要准备一些礼物陪新娘回娘家，称回门。回门时，娘家要用鸡腿来款待客人和亲友。回门的当晚，新郎要赶回家中。十日后新娘回娘家，新娘在娘家住三五日后，或由娘家人送回，或由新郎接回家。

回族丧葬 固原回族实行土葬、薄葬、速葬，不用棺材，不用任何陪葬品。人去世叫"口唤了"、"无常了"或"完了"；对于宗教上层人士或有声望的长辈，则称为"归真"。去世后，停尸最长不得超过3天，回族没有选择葬日的习俗，也没有停尸等待远方亲友送殡的习惯，都是就近速葬，使亡人早日"入土为安"。

回族丧葬主要包括以下几个方面：①念"讨白"。病人弥留之际，守护的人要替其提前念清真言；请阿訇念"讨白"，向真主祈祷，饶恕和赦免他一生的罪过。②停埋体。病人咽气之后，尸体被称为"埋体"。守护者一要合其口目，

顺其手足，理其毛发。二要派人分头通知本坊教长和亲戚朋
友、邻里乡亲以及他坊教友。若是女人，则要通知娘家人。
三要行孝。③着水。给亡人净身，洗遗体，称"着水"。着
水之人要求男不洗女，女不洗男，除着水人外，他人不得入
内。通常先洗小净，再洗大净，冲洗三遍后，将埋体移到准
备好的"卡番"布上。④穿"卡番"。穿"卡番"即穿尸衣。
"卡番"用纯白棉布做成，穿之前要请阿訇给亡人念"七窍
米"，然后用白布裹尸体。男亡人裹尸布3块；女亡人裹尸布
5块。⑤转"费特尔"。请阿訇、满拉及念经人围绕亡人站一
圈，有的教派用《古兰经》，有的教派用钱向亡者转"费特
尔"，意指为亡人恕罪。⑥站"哲那孜"。站"哲那孜"，即
举行殡礼仪式，一般由阿訇主持，其他人跟随祈祷，最后接
"都哇"。这是亡人入土前的最后一道仪式，也是生者代亡者
做最后的一次祈祷礼。⑦入土殡埋。当地回族一律实行土葬，
南北向；殡埋时阿訇要念《古兰经》里的下土经，然后众人
接"都哇"，由亡人家属散"乜贴"，殡礼结束。殡埋后的墓
地呈隆起的鱼脊状。

9 温良恭俭讲礼仪

回族待客礼 回族是一个热情好客的民族。每逢节日，
家家户户都炸油香、宰鸡宰羊，款待亲友，相互祝贺。若有
亲朋来访，主人要远迎，引进院门，高挑门帘或推开房门让
客人先进屋，进屋后递上一汤瓶"活水"，请客人进食前洗

手、漱口；主人沏上热腾腾的盖碗茶，双手捧给客人，说"请喝茶"；随即端上油香、馓子之类的食物请客人品尝。回族人待人诚实憨厚，和蔼可亲，有礼有节。即使家里比较困难的回族人，只要来客人，主人也悄悄出去借面、借鸡蛋，想办法把客人招待好。饭菜做好端上桌子以后，主人不陪坐、不陪吃，站在地下，先说一声"请口道"，接着一再谦让、夹菜，照顾客人吃好饭。众人同桌聚餐时，大家洗手后，先礼让年长者入座上席，等他动筷子以后，其他人方可动筷。吃饭时，大家不说污言秽语，不贬嫌食物，不在碗里乱吹乱搅，要小口进食。吃烙饼、馍馍、油香时，大家不拿在手里大口大口地咬着吃，而要用手掰着吃；放饼时，注意将面子放在上面，掰开后没吃完的，不勉强塞让给同席者吃。饮水时，请勿接连吞咽，不能对着杯盏喘气饮呄，要一口一口地慢饮。同客人谈话的时候，不能左顾右盼，不能玩弄自己的胡须与戒指等，不能剔牙齿，不能将手指插入鼻孔中；不可当面吐痰与擤鼻涕，更不能伸懒腰打哈欠；如果非打喷嚏不可，应将双手搭在嘴前，遮住自己的声音和唾沫星子，欠身越过对方，完了还要向对方略表歉意。谈话中要细听别人的言语，不能要求对方过多地重复，不能插话表述自己的意见，不能奴仆般地献媚，也不能缠绵乞求。送客人的时候，不能沉着脸，要和颜悦色，经一再挽留而不止步则送出大门。到人家家里做客或入座时，要宽让，不能从人前头过，坐下的时候，以"色俩目"给靠近自己的人问安。拜访亲友时，不要冒昧闯入，未给房主道安，不得进入卧室。出远门旅行时，要向父母讨"口唤"（即同意），征得父母允许；旅行回来时，要向父母表述沿途见闻、办事情况。这样做，一则请安，二则汇报。回族人提倡尊老爱幼，非常注重长幼之间的礼仪。客人到家入座时，按辈分、年龄入座。问候亲人时，长者在前，晚辈在后，并不得在客人面前随意走动。家中的所有家庭成员都要与客人见面、问好。吃饭时，先让客人吃，然后主人才动筷子。给客人倒水、夹菜时，要向内拨、倒，很忌讳反手向外拨、倒。男客人由男主人陪同，女客人由女主人陪同，晚辈一般不陪客用饭。送客人时，全家都要一一与客人道别、祝福，对远客、贵客还要送出村庄。

回族见面礼 回族无论男女老少，他们见面相互问候时，通用一种祝安词，也叫见面语。一般都是致者先说"安色俩目阿来昆"，意为"求主赐你们平安"，而回答者则说"吾阿来昆色俩目"，意为"求真主也赐你平安"。这相当于汉语的"您好"和"您也好"。固原当地回民把祝安词简称为"色俩目"，见面时，也互致"色俩目"。互致"色俩目"有许多讲究。一般是晚辈先向长辈致"色俩目"，平辈亲友相逢，年幼者向年长者致"色俩目"，教民向阿訇先致"色俩目"，客人向主人先致"色俩目"，出门在外的要向当地留住者先致"色俩目"，乘骑者对步行者先致"色俩目"，男对女先致"色俩目"，夫对妇先致"色俩目"（西北有的地方是妇对夫先致"色俩目"），少数人对多数人先致"色俩目"。如个别人到清真寺或碰到红白喜事，要向多数人高声道"色俩目"（你们好），多数人中凡是听到的要回"色俩目"，这样少数人就不再一一去向每个人致"色俩目"。在一些庄重的场合相互致"色俩目"时，回民间同时还握手。有些地方的回族在致"色俩目"时，右手置胸前，腰微微前躬，表示从内心敬重对方，衷心地祝愿。有些地方的回族在致"色俩目"时，双手抱拳或平扬双手，表示亲切庄重。还有的回族在致"色俩目"时，相互伸出右手相握，左手抚在对方的右臂上，意为关系非常密切，亲如一家。如果有的回族人出门遇到不相识的回族，致"色俩目"问好，对方就知道你也是回族，有什么要办的事，就一定热情帮助。回族人反对在说"色俩目"时摇头晃脑、嘻嘻哈哈等不稳重的行为。年轻人见了老人不致"色俩目"，回族人视之为一种没礼貌的行为，会遭到众人的轻视和议论；听到别人致"色俩目"而不回"色俩目"的，被视为高傲不礼貌的行为，会遭到众人的辱骂。见到汉族等其他不信仰伊斯兰教的民族同胞，回民只握手问好，不说"色俩目"。回族男女之间致"色俩目"时不握手。回族的祝安词，不仅见面讲，分别时有的也互致"色俩目"。一些出门在外的回族，在给长辈和老人通信时，称呼上会写"代'色俩目'问候"。现在庆祝回族节日和举行有关宗教会议时，有关回族人士在讲话时，也先道一声"色俩目"，简称"色兰"，使回族群众产生一种亲切感。

回族礼拜 回族礼拜有晨礼、晌礼、脯礼、昏礼、宵礼五种。晨礼：阿拉伯语称"帅拉图勒发吉尔"，波斯语称"邦塔"，时间是从拂晓到日出，共四拜，两拜圣行，两拜主命。晌礼：阿拉伯语称"帅拉图勒祖合尔"，波斯语称

"撒什尼"，时间是从中午刚过到日头偏西，共十拜，前四拜圣行，中四拜主命，后两拜圣行。晡礼：阿拉伯语称"帅拉图勒阿苏尔"，波斯语称"底格勒"，时间是从日头偏西至日落，共四拜，四拜主命。昏礼：阿拉伯语称"帅拉图勒迈格利布"，波斯语称"沙目"，时间是从日落至晚霞消失，共五拜，三拜主命，二拜圣行。宵礼：阿拉伯语称"帅拉图勒尔沙宜"，波斯语称"胡夫滩"，时间是由晚霞消失至次日拂晓，共九拜，四拜主命，二拜圣行，三拜当然（威特尔）。

六 现代风貌

1 努力建设新社会

1949 年七八月间，泾源、固原、隆德、西吉、海原 5 县相继解放。之后，各县开展剿匪、镇压反革命，进行"三反""五反"运动；在农村，农民进行了反霸减租工作，政治上打垮封建地主阶级的统治，经济上削弱封建剥削。

1953 年，固原旱灾严重，工委领导人民群众开展抗灾自救，走互助合作道路，至 1956 年，胜利完成对工业、手工业、私营工商业的社会主义改造任务。

1957 年 4 月 27 日，中共中央发出《关于整风运动的指示》。5 月中旬，中共固原州委召开县委、区委、乡支部书记会议，学习中央文件，决定在固原全党进行一次普遍、深入的反对官僚主义、宗派主义和主观主义的整风运动。5 月下旬，州委机关带头整风，改进领导作风，提高马列主义思想水平，以适应社会主义建设事业。其间，由于对阶级斗争形势估计得过于严重，出现反右扩大化。

1958年，党中央公布"鼓足干劲，力争上游，多快好省地建设社会主义"的总路线，全党掀起加快建设社会主义的新高潮。中共固原州委领导全地区人民掀起以兴修水利，大搞农田基本建设为中心的农业生产高潮和工业革命、技术革新高潮。由于社会主义建设经验不足，在经济建设上急于求成，在生产关系的变革上急于过渡，不适当地夸大主观能动性，各项事业上都要求"大跃进"，违反了客观规律。特别是"人民公社化"以后，全民大炼钢铁、大办公共食堂，打乱了经济工作的正常秩序，导致经济比例失调。在农业方面错误地实行"少种、高产、多收"的方针，使粮食产量比1958年下降3.92%，1960年又比1958年下降了33.21%，加上在粮食问题上的浮夸风、高指标、高征购，人民生活出现严重困难的局面。1960年11月，中共固原州委结合农村工作的实际情况，着手调整农村人民公社的所有制，在全地区开展以反"一平二调"为中心的整风整社运动，坚持贯彻按劳分配、等价交换的原则，落实"三级所有，队为基础"的公社体制，恢复社员的自留地，允许社员发展家庭副业和手工业生产，开放农村集市贸易，活跃市场，解散了公共食堂，在生产上贯彻了以粮为纲、全面发展、多种经营的方针，树立典型，开展科学种田，农村经济逐渐发展。

1963年8月，农村开始了"四清"运动，开展阶级斗争，

农村基层干部受到伤害。1966 年"文化大革命"开始，社会
动乱，经济遭到破坏。

2 改革开放新机制

1978 年 12 月，中共十一届三中全会做出把工作重点转移
到社会主义现代化建设上来的战略决策。中共固原州委在拨乱
反正的工作中，纠正"文化大革命"及其以前的"左"倾错
误，开展"实践是检验真理的唯一标准"的讨论，批判"两
个凡是"，停止使用"以阶级斗争为纲"的口号。

1980 年 10 月，中共中央发出《关于进一步加强和完善
农业生产责任制的几个问题》的文件，农村开始实行农业
生产包干到户责任制。1983 年改革人民公社体制，恢复乡
政府和村民委员会，同时进行供销社和信用社的体制改革，
并按照发展农村商品经济的要求，调整农业生产结构，加快
多种经营和乡镇企业的发展；制定粮、林、草基地建设规
划，实施"种草种树、兴牧促农、因地制宜、农林牧副渔全
面发展"的方针；放宽经济政策，实行公购粮减免，让群众
休养生息。1986 年《中共中央关于经济体制改革的决定》
下达后，经济体制改革的重点从农村转向城市，对企业着重
简政放权，增强活力，建立有计划的商品经济新体制，扩大
企业自主权，完善企业内部经营机制，还推行企业承包经营
责任制和小型企业的租赁制，进一步把竞争机制引入企业的
经营管理。

1991 年，中共固原地委下发了《关于加强农业和农村工作的意见》，强调进一步巩固和发展扶贫成果，深化农村改革，努力改善生产条件，依靠科技兴农。地委和行署还制定了《关于发展个体私营经济的十条措施》。1992 年，为认真贯彻《中共中央关于进一步加强农业和农村工作的决定》，地委发出《关于深化农村改革的安排意见》，坚持"因地制宜、分类指导、宜统则统、宜分则分、统分结合、双层经营"的原则，在稳定家庭联产承包经营的基础上，不断充实扩大集体统一服务的内容，建立健全全县、乡、村、组、户 5 个层次的服务网络，把农村改革引向深入。同时，地委和行署发出《关于进一步放宽政策，推动科技进步，振兴固原地区经济的决定》。1994 年，地委和行署联合发出相关文件，加快了农业和农村工作的进程和工业建设的步伐。

2000 年，党中央、国务院做出西部大开发的战略决策，固原地委、行署印发了《关于实施西部大开发战略加快固原发展的意见》，提出了"西部大开发，宁夏要争先，固原快发展"，立足固原地情，提出十八条实施意见：进一步解放思想，确立与西部大开发相适应的思维方式和思想观念；调整优化产业结构，提高经济效益；发挥优势，培育区域特色，开发农业支柱产业；改革扩量并举，加速发展地方工业；以旅游开发为突破口，加快发展第三产业；放开搞活，加速发展非公有制经济；贯彻国家退耕还林（草）政策，全面展开生态建设；增加投入，加大基础设施建设力度；坚持多渠道筹资，加快县城和小城镇建设；实施开放带动战略，构筑全方位、多层次、全领域的对外开放格局；改善投资环境，增强对国内外客商的吸引力；全方位、多层次开发人才资源，充分发挥各类人才的作用；实施"科技兴地"战略，强化科技与经济发展的有机结合；深化教育改革，全面推进素质教育；强化人口意识和人均观念，严格控制人口增长；加强精神文明建设，全力维护社会政治稳定；加强思想宣传工作，创造良好的舆论环境；加强领导，狠抓落实。

2003年3月，宁夏回族自治区党委、人民政府召开第一次固原工作会议，专题研究如何加快固原发展的问题。会议指出，固原市要紧紧抓住有利于发展的各种机遇，以推动经济社会跨越式发展为目标，以改革开放和机制创新为动力，以培育壮大县域经济为重点，加强基础设施和生态环境建设，加快构建以草畜产业为主导的农业产业体系，加大扶贫开发力度，大力发展非公有制经济，创造性地走一条具有本地特色的发展路子。会议提出着力抓好六项重点工作，并在政策、项目、资金方面对固原给予扶持。此后，自治区5次召开固原工作会议，研究解决固原改革开放的政策问题和实际困难。

3　扶贫开发治贫困

1982年，国务院决定实施我国第一个区域性农业工程，对"三西"地区（定西、河西走廊、西海固）进行较大规模

的开发建设。1983～1993 年，国家每年拨款 2 亿元，用于 47
个县区、1132 万农业人口的"三西"地区的开发建设。按照
国务院贫困地区经济开发领导小组和自治区党委、人民政府
确定的"有水走水路，无水走旱路，水旱路都不通另找出
路"的建设方针和"三年停止破坏，五年解决温饱，两年巩
固提高"的建设步骤，中央每年给宁夏安排"三西"专项资
金 3400 万元，以改善生态环境，改善生产条件，解决贫困户
群众温饱问题，进行经济开发和综合治理。

1983～1992 年，固原地区共投入"三西"专项资金
18288.4 万元，主要建设内容包括农田水利、吊庄移民、农
业、林业、畜牧业、乡镇企业、农电线路、农村能源、智力投
资等。

1993 年，国务院决定"三西"建设延长 10 年，制定《八
七扶贫攻坚计划》，自治区制定《双百扶贫攻坚计划》，固原
地委、行署制定贯彻落实《双百扶贫攻坚计划》的实施意见，
确定"以市场为导向，以改善生活条件为基础，以调节产业
结构和开发四大支柱产业为重点，以发展乡镇企业和个体私营
经济为突破口，以增加农民收入为核心，稳定解决群众的温
饱，稳定解决群众收入来源"的扶贫工作思路。1997 年 4 月，
为落实中共中央国务院《关于尽快解决农村贫困人口温饱问
题的决定》和自治区《关于尽快解决南部山区农村贫困人口
温饱问题的决定》，固原地区制定实施意见，决定分步解决
农村温饱问题。1998 年，全地区基本解决了温饱，贫困人口
由 1983 年的 78 万人（人均收入在 200 元以下），下降到 23

万人（人均收入在 684 元以下）。1993～2002 年的后 10 年扶贫计划中，投入"三西"专项资金，不发达地区资金及其他扶贫资金共计 281411.8 万元。10 年扶贫，完成"三西"水利基本建设工程 35 项，以工代赈扶贫工程 10 项，人畜饮水工程 31 项，打井 2040 眼，完成植树造林任务 20 万公顷，小流域治理 8 处，大流域治理 36 处，新修旱作田 12.4 万公顷。扶贫资金引进基础母畜 12410 头（只）、种畜 521 头（匹），引进优良品种羊 54640 只，发展养畜户 2164 户，建立养畜基地 3 处。全地区 35～110KV 输电线路 800 多公里，10KV 线路通各乡镇，村村通电，村村通公路，村村通广播电视。另外，扶贫工程还开发淀粉系列，建成豆薯基地 10 万公顷，年加工淀粉 30 万吨。经果林基地 2 万公顷，年产鲜果 1500 万公斤。彭阳县古城至城阳建成 30 公里经果林带，韩寺、老庄等村经果林收入致富。胡麻年种植 3 万公顷，亚麻企业有 6 个。各县按照实际地域情况，建立地域性支柱扶贫产业。原州区、隆德县建立地挂毯加工基地，彭阳县建立烤烟生产基地，原州区建立枸杞生产基地，泾源、隆德建立中药材生产基地和肉牛生产基地。固原政府还巩固和发展了 1983 年以来建成的中卫、永宁、中宁、平罗、陶乐等 7 县 10 处吊庄，新建南梁台子、玉泉营、石坡子等吊庄及红寺堡生态移民区，开发耕地 12.8 万公顷，完成投资 9844 万元，移民 15846 户8.7 万人，累计建房 49 万间。2002 年，全地区生产总值279524 万元，年均增长 17.8%。

4 工业强市新战略

宁夏第一台电视机、第一辆自行车都是在固原生产的,固原有发展现代工业的历史。固原市推进工业强市战略,加快经济发展方式转变,着力构建以工业为主导的经济发展格局,壮大三大产业集群。围绕资源转化,固原培育了产值过100亿元的盐化工及建材产业集群,重点推进国电英力特盐化工项目和水泥、石膏、玻璃、陶瓷等新兴建材行业;培育产值超过50亿元的煤电油产业集群,加快建设王洼千吨矿区,重点推进煤电、风电和煤制天然气等项目,新建原油及系列延伸产品加工项目;培育产值超过30亿元的特色农副产品加工产业集群,重点改造提升和引进了马铃薯、草畜、中药材等加工项目。发展新材料、装备制造业等战略性新兴产业,固原成为全国重要的盐化工循环经济示范基地、中药材种植加工基地和农副产品精深加工基地。固原着力培育六盘山热电厂、国电英力特盐化工、王洼矿区、华电西吉月亮山风电、江苏雨润彭阳肉牛屠宰等骨干企业;加强产业园区建设,建成盐化工循环经济扶贫示范区、固原扶贫发展试验区、清水河工业园区。每个县区建成一个有规模、上档次的产业园区。按照产品项目、公用辅助、物流传输、环境保护、管理服务一体化和产业发展规划、城市建设规划和土地利用规划协调衔接的要求,整合资源、优化环境,形成以市区为核心、五县区各有特点的产业空间布局。引进资本市场化运作模式，通过工业地产、项目收益分成、水权转换等机制，加快了园区基础配套建设，提升园区对大企业、大项目的吸引力和承载力。坚持少占河谷川道耕地，改造山地、利用荒地建园区的原则，发展循环经济。处理好资源开发与产业培育、环境保护的关系。执行减量化、再利用和资源化原则，注重矿产资源特别是伴生矿综合利用、生产废弃物循环利用，做到发挥最大效益。以水定规模、以水定产业，发展了需水量少的新材料、能源化工、机械装备制造业，如光伏发电、通用航空产业等。工业企业入园集中发展，一体化配套建设环保设施，淘汰了立窑小水泥、小淀粉加工厂等企业。

5 现代生态示范区

固原的生态示范区建设以建设南部山区现代生态农业示范区为目标，以 23 个自治区级和 27 个市级现代农业示范基地为支撑，做公司、农户、基地、市场"四篇文章"，加快传统农业向现代化农业转变，促进农业增效、农民增收。县区选准2～3个品种，集中精力扩大生产规模，提高蔬菜、草畜、马铃薯、花卉、中药材、苗木、林果业等特色优势品种产量，建成全国重要的马铃薯脱毒种薯生产基地、道地中药材生产示范基地、黄牛标准化养殖基地、绿色冷凉蔬菜生产基地。用工业化、市场化的理念统筹农业的发展，学习借鉴"中粮模式"，引进培育一批与产业发展和农民增收关联度高、社会责任强的大型农业龙头企业，发展原料基地、订单农业，农业产品就地加工增值。实施品牌战略，支持企业积极发展各类认证和品牌展示、推广工作，集中打响"六盘山"农产品品牌，对获得中国名牌和驰名商标的龙头企业，给予扶持奖励。培育农业外向型加工出口企业，发展合作组织、行业协会，支持重点农产品批发市场和物流冷链体系建设，建立完善营销机制，提高农产品流通效率，开辟国内国际市场，构建现代市场流通体系。

在建设的同时注意保护农民利益，鼓励金融保险企业扩大农业保险范围，建立主要农产品生产风险互助基金，实行主要农产品最低价格保障制度，综合发挥企业、农户和政府的作用，帮助农民化解市场风险。

6　生态移民奔小康

固原全市上下从讲政治、讲大局的高度，把生态移民攻坚作为头等大事、一号工程，不讲困难、不打折扣、不留情面，确保自治区党委、人民政府决策目标的全面落实，确保市委、市政府工作任务的全面落实，实现"搬得出、稳得住、能致富"的目标。

宁夏生态移民攻坚计划涉及 9 个县区 91 个乡镇 684 个村 1655 个组，采取山区川区结合、城市乡村结合、有地无地结合、宜工宜农结合、集中插花结合等多种移民形式，县内有条件的地方调剂安置占 35%，全区统筹向沿黄经济区安置占 65%。这些贫困群众全部搬迁到近水、沿路、靠城等发展条件较好的区域。生态移民有助于贫困群众发家致富，确保与全国、全区人民同步进入全面小康社会。

新的生活之门开启。按照科学合理、功能完善、特色鲜明的要求，建设移民住房 7.9 万套共 407.5 万平方米。

耕者有其良田。开发农田 25.5 万亩，改造农田 32.6 万亩，按照节水灌溉的要求，配套建设农田水利设施，川区重点发展高效节水农业，山区重点发展旱作节水和集水补灌农业。

发展有新天地。采取户籍改革、劳务产业技能培训等措施，促进移民到沿黄经济区、重点城镇、工业园区、产业基地务工就业。

致富有新途径。发展设施农业 4.6 万亩，养殖暖棚 1.6 万座，特色种植业 53.5 万亩，大力发展移民安置区设施农业、特色农业。

生活更有新保障。在移民安置区统一配套建设水、电、路、气、通信、商贸等基础设施和教育、文化、卫生、广播电视等公共服务设施，建设安置区主干道 816 公里，巷道 2694 公里；新（扩）建教育设施 30.1 万平方米；建设村级（社区）活动场所 5.2 万平方米。

西海固地区占宁夏总面积的 65%，回族人口占全区回族人口的 59%。实施生态移民攻坚计划，将使西海固迁出 300 万亩土地用于恢复生态，造就令人向往的"旱塬绿洲"美景，使各族人民和睦相处、和谐发展，共同繁荣，建设和谐富裕的新宁夏。

移民新村

7 强力发展服务业

固原市通过规划引领、政策扶持、项目带动等措施,发展文化旅游、现代物流、商贸流通、房地产、金融保险等产业,整体提升全市服务业发展水平。以建设旅游大市为目标,整合资源,创新机制,用足用活六盘山旅游扶贫实验区各项特惠性政策,强化红色革命圣地、自然生态风光、石窟、地质公园、历史文化遗迹、民俗文化这六大旅游景区建设,打造六盘山红色旅游基地、生态旅游基地、文化休闲避暑度假基地。健全完善"吃住行、游购娱、康体健"等旅游要素,加强旅游景区基础设施建设,完善服务功能,打造精品旅游景区景点。加强和周边城市旅游圈的接轨和融合,精心策划开发六盘山红色旅游等精品线路,开发剪纸、书画、刺绣、民族服饰、古文物及复制品等旅游文化产品,打响固原旅游品牌,做大做强旅游产业,打造全市经济新的增长极。发展现代物流业,落实《固原市现代物流业发展规划(2011~2020)》,制定扶持物流业发展的土地、投融资、税费等配套政策措施,引进和培养专业化、社会化程度较高的大型物流企业,发展专业物流企业、第三方物流企业,促进货运市场、物流企业、信息处理等要素向优势区域聚集,构建大通道、大市场、大物流的发展格局。加快清水河综合物流、西兰银综合物流、固原火车站农产品物流、固原盐化工物流"四大园区"和四县综合性物流中心建设,把固原打造成西兰银交汇中心物流集散基地。提升传统服务业,全力推进商贸流通业扩大规模、提升层次,引进大企业、大集团发展连锁经营,打造核心商业区,建设大型专业批发市场,引进发展星级宾馆饭店,加强高品位服务、地方特色品牌的名店、名小吃、名街区的建设。发挥回族群众聚居、善于经商的优势,发展清真食品、穆斯林用品产业。培育房地产产业,建成一批高档住宅小区和精品房地产工程。发展金融保险、物业管理、中介服务、信息咨询等新型业态。

8 城市功能再提升

固原市区突破了空间上的束缚,城市范围东至东岳山,西至水源保护区西边界,北至盐化工循环经济扶贫示范区北边界,南至水源保护区南边界、九龙山和二十里铺,面积由原来的 168 平方公里增加到 520 平方公里。城市规模有所增加,2012 年中心城区人口约为 24 万人。固原确立了"陕甘宁革命老区科学发展示范区、环境友好型产业发展示范区、城乡统筹综合配套改革试点区、西北重要生态屏障和宁南文化名城"的全新城市定位,形成"一心、四点、两带"的城镇空间布局结构。"一心"是以固原中心城区为城域中心;"四点"是突出彭阳、西吉、隆德、泾源4个县城为各自县域政治、经济、文化中心;"两带"突出了福银发展带和西彭发展带。福银发展带以固原中心城区为中心,沿福银高速公路形成贯穿市域南北的城镇发展带;西彭发展带以固原中心城区为中心,规划沿西吉——中心城区——彭阳高速公路和309国道等形成的贯穿市域东西的城镇发展带。

利用固原地处西安、兰州和银川三个省会城市几何中心的地理位置,发挥宁夏南部地区交通枢纽作用,建设区域物流基地,重点发展农副产品、盐化工产品、煤炭和新材料等物流,在旅游业、生态农业、农副产品加工业、装备制造业、新能源产业等方面进行了产业提升。

固原的绿地布局结构主要有"一环""两带""六轴"和"六片"。"一环"是城市外围东岳山、黄崂山、九龙山、长城梁等组成的环山地绿化带;"两带"是清水河和饮马河两侧滨河绿化带;"六轴"是中央大道、北新街、中山街、文化街、长城—银平路和银武高速公路以道路、广场、公园街头绿地连接的绿化轴;"六片"是西入口、古雁岭公园、北海公园、小西湖公园、文化公园和田洼林场的绿地分布。

固原城市景观建设主要建成"五大景观轴线"和"五大公园"。"五大景观轴线"是中央大道景观轴线、文化街景观

轴线、北新街景观轴线、中山街景观轴线和北环路、西环路景
观轴线。"五大公园"是古雁岭公园、北海公园、滨河公园、
小西湖公园、文化公园。

固原文化西路夜景

图书在版编目（CIP）数据

固原史话/马平恩主编. —北京：社会科学文献出版社，
2015.7
（中国史话）
ISBN 978 - 7 - 5097 - 6095 - 6

Ⅰ.①固…　Ⅱ.①马…　Ⅲ.①固原地区 - 地方史
Ⅳ.①K294.32

中国版本图书馆 CIP 数据核字（2014）第 114047 号

"十二五"国家重点图书出版规划项目

中国史话·社会系列
固原史话

主　　编/马平恩

出 版 人/谢寿光
项目统筹/宋月华　谢　安　　责任编辑/王玉霞

出　　版/社会科学文献出版社·史话编辑部（010）59367143
　　　　　地址：北京市北三环中路甲29号院华龙大厦　邮编：100029
　　　　　网址：www.ssap.com.cn
发　　行/定制出版中心（010）59366509　59366498
　　　　　市场营销中心（010）59367081　59367090
　　　　　读者服务中心（010）59367028

印　　装/三河市尚艺印装有限公司
规　　格/开　本：889mm×1194mm　1/32
　　　　　印　张：6　字　数：122千字
版　　次/2015年7月第1版　2015年7月第1次印刷
书　　号/ISBN 978 - 7 - 5097 - 6095 - 6
定　　价/25.00元